# Inhalt



## Gebrauchsanweisung

### Für den Lernenden

Sie wollen Deutsch verstehen und sprechen. Das ist nicht so leicht, wie manche denken — aber auch nicht so schwer, wie andere fürchten! Dieses Buch, der „Eppert", will es Ihnen leichter machen. Es bietet Übungen und Tests zu den 2000 wichtigsten deutschen Wörtern; Sie finden diese Wörter in dem Werk ‚Grundwortschatz Deutsch — Essential German — Allemand fondamental' von Prof. Dr. Heinz Oehler.
Freilich ist es damit allein nicht getan. Der Erfolg hängt von Ihrem Fleiß und Ihrer Arbeitsweise ab. Jeder Sportler muß regelmäßig trainieren, um gute Leistungen zu erreichen; ebenso muß auch der Sprachenlernende immer wieder üben und wiederholen.

Richten Sie sich dabei nach folgenden Regeln:

1. Arbeiten Sie regelmäßig! Wenn Sie täglich 20 Minuten üben, lernen Sie doppelt so viel, als wenn Sie einmal in der Woche 2 Stunden arbeiten.
2. Wiederholen Sie das Bekannte, bevor Sie Neues üben! In den einzelnen Kapiteln dieses Buches werden immer Wörter mit dem gleichen Anfangsbuchstaben geübt. Wiederholen Sie zunächst alle Wörter mit diesem Anfangsbuchstaben im „Oehler", ehe Sie die Übungen im „Eppert" beginnen.

3. Üben Sie schwierige Wörter mehrmals! Auch wenn Sie fleißig lernen, bleiben immer einige Wörter übrig, die sich schwer auswendig lernen lassen. Schreiben Sie diese Wörter in ein Heft und wiederholen Sie sie immer wieder.
4. Seien Sie ehrlich gegen sich selbst! Arbeiten Sie die Übungen eines Kapitels durch, ohne auf die Lösung zu schauen, und stellen Sie genau fest, wie viele Fehler Sie gemacht haben. Wenn es zu viele sind, wiederholen Sie besser das ganze Kapitel: sehen Sie sich zunächst die richtigen Wörter im ,,Oehler" noch einmal an, dann beginnen Sie von neuem die Übungen im ,,Eppert".

Wenn Sie sich an diese einfachen Trainingsregeln halten, werden Sie schnell und ohne große Mühe an Ihr Ziel kommen und dann sagen können: Ich verstehe Deutsch jetzt besser und werde es bald fließend sprechen!

## Für den Lehrenden

Das Ziel dieses Buches ist die aktive und passive Beherrschung der Wörter des deutschen Grundwortschatzes und ihrer wichtigsten syntaktischen Fügungen. Das Buch enthält daher einmal Tests, in denen bestimmte Wörter wiedererkannt werden sollen, zum anderen Tests, die im Rahmen einer bestimmten Satzstruktur diese Wörter erfragen und so erkennen lassen, ob sie verfügbar sind. Jedes Kapitel besteht also aus Erkennungs- und Verfügbarkeitstests. Dabei wurden im Kontext nach Möglichkeit nur Wörter des Grundwortschatzes verwandt.

Erkennungstests:

- I–III Überprüfung der Kenntnis bestimmter Grundwörter in Form einer Auswahlmöglichkeit *(multiple choice)*, und zwar von Gegenteilen (I), Synonymen (II) und syntaktisch-idiomatischen Wendungen (III).
- IV Erkennen von Wortinhalten in richtiger und falscher sprachlicher Definition.
- V Inhaltliche Zuordnung bestimmter Wörter.
- VI Überprüfung der nominalen Prädikatsergänzungen u. ä.

Verfügbarkeitstests:

- VII–IX Einsetztests zur Kontrolle der Verfügbarkeit des Grundwortschatzes bei Angabe der Wortklasse und des Anfangsbuchstabens. Jeder Übungssatz stellt einen inhaltlichen Rahmen dar, der eindeutig auf das zu erfragende Wort hinweist.
- X Einsetztests über die Lerneinheit des Buchstabens hinaus: auf einer schwierigeren Stufe wird aktive Beherrschung von Strukturwörtern und nominalen Prädikatsergänzungen sowie die Kenntnis des Genus der Substantive und der Rektion der Verben und Adjektive verlangt.

## A wie Anfang

Der *Anfang* ist immer schwer, *aber* die *anderen fangen* ja *auch* einmal *an.* Das Ende ist wichtig. Haben Sie *also* keine *Angst* und *nehmen* Sie dieses Kapitel sofort *in Angriff. Alles andere* ist dann kein Problem. *Verlieren* Sie nur Ihr Ziel nicht *aus den Augen. Unserer Ansicht nach hängt alles* von Ihnen *ab. Alles Gute!*

### I. Wie heißt das Gegenteil?

| | |
|---|---|
| 1. Der Zug *fährt ab.* | a) Der Zug fährt los.<br>b) Der Zug schließt zu.<br>c) Der Zug kommt an. |
| 2. Beim Grüßen *nimmt* er den Hut *ab,* dann | a) setzt er ihn wieder an.<br>b) nimmt er ihn zurück.<br>c) setzt er ihn wieder auf. |
| 3. Wenn die Tür *abgeschlossen* ist, muß man sie | a) verschließen.<br>b) öffnen.<br>c) aufstellen. |
| 4. Ein guter Kaufmann wird nicht mehr *ausgeben* als er | a) zunimmt.<br>b) einnimmt.<br>c) vergibt. |
| 5. Manchmal ist das *Angebot* größer als | a) das Opfer.<br>b) der Preis.<br>c) die Nachfrage. |
| 6. Das Haus ist schon *alt;* es war einmal | a) gebraucht.<br>b) jung.<br>c) neu. |
| 7. Der *Anfang* war gut, aber nicht | a) der Start.<br>b) der Schuß.<br>c) das Ende. |
| 8. Er *zündete* das Feuer *an;* dann wollte er es wieder | a) auslöschen.<br>b) auslösen.<br>c) anmachen. |
| 9. Er *fing* immer sofort *an,* konnte aber nie | a) aufhören.<br>b) zuhören.<br>c) zumachen. |
| 10. Wenn man *angegriffen* wird, muß man sich | a) festhalten.<br>b) verteidigen.<br>c) verbergen. |
| 11. Abends *zieht* man *sich aus,* morgens | a) nimmt man zu.<br>b) zieht man sich an.<br>c) zieht man an. |

12. Das Gegenteil von *abladen* ist
a) belohnen.
b) beladen.
c) einladen.

13. Frau Groß hat schon 2 Pfund *abgenommen.*
a) Sie hat zugenommen.
b) Sie hat aufgenommen.
c) Sie hat angenommen.

14. Das Gegenteil von *Abschied* ist
a) die Abfahrt.
b) die Ankunft.
c) das Wiedersehen.

15. Das Gegenteil von *allein* ist
a) zusammen.
b) getrennt.
c) einzig.

Jetzt dürfen Sie *sich* nicht *ausruhen.* Warten Sie keinen *Augenblick; sehen* Sie sich die nächste *Aufgabe an.* Man soll nicht *anfangen* und sofort wieder *aufhören,* sondern zuerst seine *Aufgabe* lösen. *Holen* Sie tief *Atem* und *gehen* Sie *an die Arbeit!*

## II. Welches Wort ist gleich oder ähnlich?

(Sie können manches nicht wissen und dürfen im ,,Grundwortschatz" nachsehen.)

1. Das ist *ausgeschlossen.*
a) verschlossen
b) unmöglich
c) möglich

2. Er hat das Licht *angemacht.*
a) angezündet
b) ausgelöscht
c) angestellt

3. Er bekam *einen Anruf.*
a) ein Telefon
b) eine Auskunft
c) einen Telefonanruf

4. Er macht gute *Aufnahmen.*
a) Ausnahmen
b) Fotos
c) Einladungen

5. Die Tür ist *abgeschlossen.*
a) Sie ist verschlossen.
b) Sie ist geschlossen.
c) Sie ist beschlossen.

6. Ich habe *die Absicht,* nach Frankreich zu fahren.
a) den Plan
b) das Geld
c) die Zeit

7. Ich kaufte den Wagen *alt.*
a) neu
b) gebraucht
c) jung

8. *Am Anfang* war der Film gut.
   a) Am Start
   b) Zu Beginn
   c) Am Ende
9. Der Kranke nahm *die Arznei.*
   a) die Flüssigkeit
   b) die Nahrung
   c) die Medizin

Waren die *Antworten* leicht? Wir *nehmen an,* daß Sie beim *Anblick* der nächsten Übung keine *Angst* bekommen, denn *alles in allem* gesehen ist sie *auch* nicht schwerer *als* die beiden *anderen* Übungen.

## III. Welche Fortsetzung ist richtig?

1. Das sieht ihm ähnlich,
   a) denn er ist sein Bruder.
   b) denn er macht oft so etwas.
   c) denn er sieht genauso aus.
2. Alles bleibt beim alten,
   a) weil nichts geändert ist.
   b) weil alles geändert ist.
   c) weil man ihn gerne hat.
3. Bleiben Sie am Apparat! d.h. (das heißt):
   a) Verlassen Sie mich nicht!
   b) Warten Sie bitte am Apparat!
   c) Sehen Sie noch etwas fern!
4. Er fährt per Anhalter,
   a) weil er gern zu Fuß geht.
   b) weil er kein Auto hat.
   c) damit das Auto hält.
5. Er ist immer noch der alte, denn
   a) er ist nicht älter geworden.
   b) er hat sich nicht geändert.
   c) er ist nicht mehr jung.

Wenn Sie bis jetzt *ausgehalten* haben, können Sie *auch* noch die nächste Übung *anfangen,* denn — *unter vier Augen* gesagt — sie ist viel *angenehmer.* Sie haben eine 50prozentige Chance.

## IV. Ist das richtig?

| | falsch | richtig |
|---|---|---|
| 1. Eine Apfelsine ist ein kleiner Apfel. | ○ | ○ |
| 2. Eine Anzeige findet man in einer Zeitung. | ○ | ○ |
| 3. Ein Anzug ist ein fahrender Zug. | ○ | ○ |
| 4. Anziehende Menschen sind teuer angezogen. | ○ | ○ |
| 5. Ängstliche Menschen haben Angst. | ○ | ○ |
| 6. Ein Augenblick dauert lange. | ○ | ○ |
| 7. Die Autobahn ist ein Zug. | ○ | ○ |
| 8. Außergewöhnliche Leute findet man häufig. | ○ | ○ |

Jetzt müssen Sie *aufpassen. Aber auch* diese *Aufgabe* ist zu *lösen, wenn Sie aufmerksam* sind und gut *auswendig gelernt* haben.

**V. Welche Wörter passen inhaltlich zueinander?**

1. abnehmen
2. Angeklagter
3. Amt
4. abtrocknen
5. Angebot
6. atmen
7. Augen

a) Teller und Tassen, b) Beamter, c) Luft, d) Brille, e) Hut, f) Gericht, g) Nachfrage

**VI. Was gehört unbedingt zusammen?**

1. eine Abmachung ...
2. ein Angebot .......
3. aus den Augen ....
4. die Absicht .........
5. Anwendung .........
6. an die Arbeit ......
7. seine Meinung .....
8. in Angriff ..........
9. eine Liste ..........

a) machen, b) nehmen, c) treffen, d) ändern, e) aufstellen, f) finden, g) gehen, h) verlieren, i) haben

Jetzt können Sie *Atem holen, etwas anderes* tun, *sich ausruhen,* in Ruhe *eine Zigarre anzünden* und sich vielleicht *an* den *Fernsehapparat* setzen. Danach *aber machen* Sie sich wieder *an die Arbeit,* damit Sie *alle Aufgaben* noch heute lösen.

**VII. Wie heißen die Substantive?**
(Sie beginnen alle mit „A".)

1. Ich komme im ..... von Herrn Klein, um die Arznei zu holen.
2. Jede Regel hat ein ... ..... Man muß also aufpassen, sich an Beispielen üben und nicht nur einfach auswendig lernen.
3. In kleinen Orten hat ein Zug im allgemeinen nur wenige Minuten .....; man hat also nicht viel Zeit, um auszusteigen.
4. Ich würde es zwar anders machen, aber er möchte die Aufgabe ganz allein auf sein ... ..... lösen. Soll er es tun?
5. Ein Baum hat einen Stamm und viele ..... und Zweige.
6. Mit diesem Fotoapparat kann man herrliche ..... machen.
7. Bei uns heißt es: Erst d... ....., dann das Vergnügen. Aber diese Übungen verbinden ja wohl beides miteinander.
8. Studenten haben im allgemeinen wenig Geld; wenn sie trotzdem ins Ausland reisen wollen, müssen sie per ..... fahren.
9. Er starb im ..... von 82 Jahren in völliger Armut.
10. Gegen ..... wird der Verkehr auf den Straßen immer geringer, weil dann alle Geschäfte und Ämter geschlossen sind.
11. In Deutschland reicht man sich beim ..... die Hände.

12. Bei der ..... des Ministers waren viele Zeitungs- und Rundfunkreporter am Flugplatz, um Aufnahmen zu machen.
13. Nur wer anständig fragt, bekommt ein ... anständige .....
14. Die Reichen sollten den ..... helfen, Arbeit zu bekommen.
15. Dies ... ..... kann ich nicht lösen. Sie ist zu schwierig.
16. Wenn man sich krank fühlt, muß man zum ..... gehen.
17. „Einen ....., bitte, Herr Müller wird sofort kommen."
18. Der Ausländer bat mich um ..... über den Weg zum Bahnhof.
19. Von diesem Berg hat man wirklich eine herrliche .....
20. Er lief sofort zum Arzt und kam dort ganz außer ..... an.
21. Wenn man ein Haus oder etwas anderes kaufen will, ist es das allerbeste, erst ein ... ..... in die Zeitung zu setzen.
22. Ein Telefon ist ein ... ....., mit dem man über weite Entfernungen unmittelbar mit jemand anderem sprechen kann.
23. Die Regierung hat d ... ..... getroffen, daß besondere Gebäude zum Schutz gegen Atomwaffen eingerichtet werden.
24. Man sieht auf den ersten Blick, daß Fritz der Bruder von Hans ist; d ... ..... zwischen den beiden ist zu groß.
25. Bevor ein Zug den Bahnhof verläßt, ruft der Bahnbeamte: „Zurücktreten bitte! Vorsicht bei der ..... des Zuges!"
26. Wenn man einen Brief schreibt, sollte man darauf achten, daß d ... ..... deutlich ist; sonst kommt er nicht richtig an.
27. Ein Beamter arbeitet im allgemeinen in einem .....
28. Vor der Prüfung habe ich .....; sie soll sehr schwer sein.
29. Meiner ..... nach wird sich kein Staat selbst zerstören; deshalb ist im Augenblick ein Atomkrieg ausgeschlossen.
30. Er hat weder Geld noch Gut, er lebt in völliger .....
31. Der Kaufmann bekam den ....., acht Fernseh ..... zu liefern. Sie werden in allen Heimen für Ausländer aufgestellt.
32. Im Jahre 1967 fand in Montreal ein ... Welt ..... statt.
33. Ich sah das Unglück auf der Autobahn mit eigenen .....
34. Ein Facharbeiter braucht immer ein ... besondere .....
35. Die deutsche Industrie beschäftigt sehr viele ausländische Arbeiter: etwa 1 Million ..... arbeiten in Deutschland.
36. Seit kurzem findet das Fernsehen auch in der Schule .....
37. Zu großen Festen ziehe ich meistens einen dunklen ..... an.
38. In der ..... kann jeder Arznei, d.h. Medikamente, kaufen.
39. Nach Ansicht der Ärzte ist es für die Gesundheit besser, morgens und mittags viel, zu ..... aber nur wenig zu essen.
40. Deutschland und Frankreich haben d ... ..... getroffen, über alle wichtigen Fragen regelmäßig zu sprechen.
41. „Ich habe gehört, daß du d ... ..... hast, im nächsten Jahr nach Amerika zu reisen. Stimmt das?" — „Allerdings!"
42. Mein älterer Bruder hat viel Geld für die Ausbildung ausgegeben; er ist jetzt aber auch Chef der Verkaufs ..... im Kaufhaus.

**VIII. Wie heißen die Verben?**
(Sie beginnen alle mit „a“.)

1. Gute englische Stoffe werden überall gern gekauft; daher kann England einen großen Teil seiner Produktion .....
2. Wenn Sie nicht ....., machen Sie schnell einen Fehler.
3. Nehmen wir an, Sie möchten eine Liste ..... von allen Büchern, die Sie schon gelesen haben. Wie viele wären es wohl?
4. Vor jedem Fest fragt mich meine Frau: „Was soll ich nur .....?“; dabei hängen alle ihre Schränke voller Kleider.
5. Ich kann ihn nicht achten. Er ..... dauernd seine Meinung.
6. Er entscheidet sich noch nicht, sondern läßt es darauf .....
7. „Du hast ein Telefon? Dann kann ich dich ja einmal .....“
8. Soll ich dich heute abend mit dem Auto vom Büro .....?
9. Auf der Straße muß jeder genau auf die Verkehrszeichen .....
10. Er kann doch kein Mädchen ....., ohne rot zu werden!
11. Ich hole dich am Bahnhof ab. Mit welchem Zug wirst du .....?
12. Wenn Sie diese Übungen beendet haben, werden Sie nicht nur viele Wörter verstehen, sondern sie auch richtig ..... können.
13. Dieses Mädchen will immer durch verrückte Ideen ..... Sie trug deshalb als erste in der Stadt einen Mini-Rock.
14. Unser Töchterchen ist noch klein. Sobald sie etwas auf dem Boden liegen sieht, will sie es gleich ..... und essen.
15. Jetzt bin ich mit der Wäsche fertig und möchte sie gern zum Trocknen ....., aber es sieht sehr nach Regen aus.
16. Nach der Revolution dauerte es sehr lange Zeit, bis die neue Regierung von allen anderen Ländern ..... wurde.
17. Er hat das Geschenk mit Dank ..... und sich sehr gefreut.
18. Der Dieb kam leicht ins Haus, weil die Tür nicht ..... war.
19. Wenn man ..... wird, muß man sich mutig verteidigen.
20. Wenn man abends nichts mehr sieht, muß man das Licht .....
21. Bevor mein Großvater sich eine Zigarre ....., holt er sich seine Zeitung und setzt sich gemütlich in einen Sessel.
22. Mir fehlt noch das Wort, das in diesem Fall einzig und allein paßt, um den Gedanken richtig ..... zu können.
23. Sorgen Sie dafür, daß Sie niemals mehr Geld ..... als Sie einnehmen! Das ist ein alter Grundsatz der Wirtschaft.
24. Dieses Wort kann ich nicht ..... Es ist zu schwer für mich.

**IX. Wie heißen die Adjektive oder Adverbien?** („a“)

1. Man sollte annehmen, daß ein Facharbeiter mit guter Ausbildung immer Arbeit findet und nie ..... sein wird.
2. Sehr geehrter Herr Laube! Ich möchte Sie nur darauf ..... machen, daß Sie Ihre Rechnung noch nicht bezahlt haben.

3. Das ist ....., ganz unmöglich, woher nehme ich das Geld?
4. Wenn Sie eine fremde Sprache richtig sprechen wollen, müssen Sie vorher viele Wörter und deren Anwendung ..... lernen.
5. Er kam gerade noch rechtzeitig. Das war mir sehr .....
6. Selbst im Krieg sollte man Gefangene ..... behandeln.
7. Sie hat ein sehr ..... Wesen; sie ist freundlich und nett.
8. Man sieht von ..... nicht, was in einem Paket drin ist.
9. Der Vater erzählt eine Geschichte; da hören alle ..... zu.
10. Dein Bruder hat aber eine ..... Ähnlichkeit mit dir!
11. Im Leben geht es ..... und .....; manchmal gelingt alles und es geht uns gut, anderes kann mißlingen und Unglück bringen.
12. Er hat mir ..... nichts gesagt, um mich zu überraschen.
13. Natürlich sieht mein Bruder mir ..... Das ist doch klar!
14. Alle ihre Verwandten sind gestorben; sie ist nun ganz .....
15. Im allgemeinen ist ein Mann mit 40 Jahren noch nicht .....; aber natürlich gibt es hin und wieder auch Ausnahmen.

**X. Vervollständigen Sie bitte die Sätze!**

(Der Anfangsbuchstabe „A“ ist nun keine Hilfe mehr für Sie. Passen Sie also gut auf!)

1. Die Zeitungsjungen riefen mit lauter Stimme die letzten Meldungen .....: „Amerikaner schießen neue Rakete ins All!“
2. Der Himmel ist voller Wolken. Es sieht nach Regen .....
3. Gestern fiel ich die Treppe hinunter und ..... mir den Arm.
4. „Warst du vor kurzem auf Urlaub? Du siehst so gut .....“
5. Als ich auf den Bahnsteig kam, ..... der Zug gerade .....
6. Es ..... ganz von dir ab, ob du diese Prüfung bestehst.
7. Wenn man jemand grüßt, ..... man natürlich den Hut .....
8. Ich ..... meinen Gästen immer etwas zum Essen oder Trinken ....., auch wenn sie nur einen kurzen Besuch machen.
9. Bei schönem Wetter hat man von der Höhe eine gute Aussicht: sogar weit entfernte Berge sind mit ..... Auge zu sehen.
10. Als Student fuhr ich oft ..... Anhalter; damit ist es nun endlich aus, seitdem ich ..... dem eigenen Auto fahre.
11. Ich brauche eine Brille, denn ich will es nicht darauf ankommen lassen, mir mein ... ..... Augen ganz zu verderben.
12. Ich habe meinen Freund ganz ..... den Augen .....; ich weiß nur, daß er nicht mehr hier ist, sondern anderswo arbeitet.
13. „Wir müssen verschwinden, die Polizei kann ..... Augenblick hier sein; außerdem fallen wir den Leuten schon auf!“
14. Ich will nichts mehr mit dir zu tun haben; ..... ist ..... mit uns. Daran läßt sich auch nichts mehr ändern.
15. Am Tor zu Fabrikhöfen steht immer: ..... frei .....! Achten Sie darauf, sonst holt die Polizei Ihr Auto ab.

16. Jeden Tag habe ich mit dir nur Ärger! Das muß sich jetzt aber ändern, sonst ..... ich es einfach nicht mehr .....
17. Alle Länder wurden als Mitglieder in die UNO aufgenommen, ..... Ausnahme ..... Deutschland und wenigen anderen.
18. Familie Meier nahm mich ..... ..... Armen auf; man freute sich sehr und bot mir gleich die allerbesten Speisen an.
19. Sie müssen von Anfang an regelmäßig arbeiten; nur ..... diese Art und ..... können Sie zu einem guten Ergebnis kommen.
20. Wenn ein Arzt ihre Brust untersuchen will, dann sagt er: „..... Sie bitte tief Atem — und atmen Sie wieder aus!"
21. „Ich gehe heute nicht schwimmen. Es sieht nach Regen aus, und außerdem habe ich keine Lust!" — „Ich ..... nicht!"
22. „Ist Peter schon .....?" — „Nein, er schläft .....!"
23. „Hast du jetzt Zeit?" — „Nein, ich muß noch mein ... ..... machen. Unser alter Lehrer hat uns soviel aufgegeben."
24. Ich möchte Sie darauf aufmerksam ....., daß Sie das Ausstellungsgelände nur mit einem Ausweis betreten dürfen.
25. Die Kinder hielten es kaum mehr aus; sie wollten die Geschenke sehen. Dann ..... sie vor Überraschung große .....
26. Laß mich in Ruhe. Kümmre dich ..... deine Angelegenheiten!
27. Es ist merkwürdig, viele Frauen haben Angst ..... Mäusen.
28. „Achtung! Der Zug aus Paris kommt mit 1 Stunde ..... an!"
29. Bitte leihe mir etwas Geld; ich habe alles ausgegeben." — „Das kommt ..... an, wann du es mir zurückgeben kannst."
30. Ich weiß es nicht genau, aber ich ..... an, er ist krank.
31. Meiner Ansicht ..... kann er die Prüfung nicht bestehen.
32. Wir werden Ihren Auftrag pünktlich ausführen. Sobald wir das Material bekommen, machen wir uns ..... d ... Arbeit.
33. Wenn zwei sich lieben, werden sie nicht nur nebeneinanderher spazierengehen; sie gehen meistens ..... .....
34. Er ist fleißig, er arbeitet von ..... ..... abends.
35. Es hängt ganz ..... Wetter ab, ob wir fahren können.
36. Mir wird immer angst, wenn ich mit ansehen muß, daß mancher beim Überqueren der Straße nicht ..... den Verkehr achtet.
37. Als der Verbrecher sah, daß ..... ..... Seiten Polizisten auf ihn zukamen, wußte er, daß es mit ihm aus war.
38. Allein d ... ..... an Selbstmord hilft über manche schwere Nacht hinweg, hat Friedrich Nietzsche einmal gesagt.
39. Ich wünsche Ihnen alles ..... für Ihre Reise ins Ausland.
40. Es war im einzelnen noch einiges zu ändern an seiner Arbeit, aber alles in ..... konnte man doch zufrieden sein.
41. Nichts hat sich geändert, alles ist ..... alten geblieben.
42. Er starb ..... Alter ..... 50 Jahren bei einem Unfall.
43. Ich hatte nicht die Absicht, bei ihm zu bleiben, aber er ..... mir ein so günstiges Angebot, daß ich nicht ablehnen konnte.

So ist es richtig! (Schlüssel)

I: 1c, 2c, 3b, 4b, 5c, 6c, 7c, 8a, 9a, 10b, 11b, 12b, 13a, 14c, 15a
II: 1b, 2a, 3c, 4b, 5a, 6a, 7b, 8b, 9c
III: 1b, 2a, 3b, 4b, 5b
IV: 1 falsch, 2 richtig, 3 falsch, 4 falsch, 5 richtig, 6 falsch, 7 falsch, 8 falsch
V: 1e, 2f, 3b, 4a, 5g, 6c, 7d
VI: 1c, 2a, 3h, 4i, 5f, 6g, 7d, 8b, 9e
VII: 1 Auftrag, 2 eine Ausnahme, 3 Aufenthalt, 4 seine Art, 5 Äste, 6 Aufnahmen, 7 die Arbeit, 8 Anhalter, 9 Alter, 10 Abend, 11 Abschied, 12 Ankunft, 13 eine ... Antwort, 14 Armen, 15 Diese Aufgabe, 16 Arzt, 17 Augenblick, 18 Auskunft, 19 Aussicht, 20 Atem, 21 eine Anzeige, 22 ein Apparat, 23 die Anordnung, 24 die Ähnlichkeit, 25 Abfahrt, 26 die Adresse (Anschrift), 27 Amt, 28 Angst, 29 Ansicht, 30 Armut, 31 Auftrag ... -apparate, 32 eine ... -ausstellung, 33 Augen, 34 eine ... Ausbildung, 35 Ausländer, 36 Anwendung, 37 Anzug, 38 Apotheke, 39 Abend, 40 die Abmachung, 41 die Absicht, 42 -abteilung
VIII: 1 ausführen, 2 aufpassen, 3 aufstellen, 4 anziehen, 5 ändert, 6 ankommen, 7 anrufen, 8 abholen, 9 achten, 10 ansehen, 11 ankommen, 12 anwenden, 13 auffallen, 14 aufheben, 15 aufhängen, 16 anerkannt, 17 angenommen, 18 abgeschlossen, 19 angegriffen, 20 anmachen (anzünden), 21 anzündet, 22 ausdrücken, 23 ausgeben, 24 aussprechen
IX: 1 arbeitslos, 2 aufmerksam, 3 ausgeschlossen, 4 auswendig, 5 angenehm, 6 anständig, 7 angenehmes, 8 außen, 9 aufmerksam, 10 auffallende, 11 auf ... ab, 12 absichtlich, 13 ähnlich, 14 allein, 15 alt
X: 1 aus, 2 aus, 3 brach, 4 aus, 5 fuhr ... ab (war ... abgefahren), 6 hängt, 7 nimmt ... ab, 8 biete ... an, 9 bloßem, 10 per ... mit, 11 meine schlechten, 12 aus ... verloren, 13 jeden, 14 es ... aus, 15 Ausfahrt ... lassen, 16 halte ... aus, 17 mit ... von, 18 mit offenen, 19 auf ... Weise, 20 Holen, 21 auch, 22 auf (wach) ... noch, 23 meine (Haus-)Aufgaben, 24 machen, 25 machten ... Augen, 26 um, 27 vor, 28 Verspätung, 29 darauf, 30 nehme, 31 nach, 32 an die, 33 Arm in Arm, Hand in Hand, 34 morgens bis, 35 vom, 36 auf, 37 von allen, 38 der Gedanke, 39 Gute, 40 allem, 41 beim, 42 im ... von, 43 machte

Wie viele Fehler haben Sie gemacht?

| | I bis VI | VII bis IX | X | |
|---|---|---|---|---|
| sehr gut | 0— 5 | 0— 8 | 0— 4 | Fehler |
| gut | 6—10 | 9—16 | 5— 8 | Fehler |
| befriedigend | 11—15 | 17—24 | 9—12 | Fehler |
| bedenklich | 16—25 | 25—40 | 13—20 | Fehler |
| Wiederholung nötig | über 25 | über 40 | über 20 | Fehler |

# B wie Beginn

*Es ist bekannt, daß* man *zu Beginn* immer *besondere* Schwierigkeiten hat. Sie haben doch *beschlossen, sich* mit der deutschen Sprache zu *beschäftigen?* Setzen Sie also Ihre *Brille* auf, nehmen Sie den *Bleistift* in die Hand und *beginnen* Sie! Alles *braucht* natürlich seine Zeit. Aber wenn Sie *bereit* sind, *Ihr Bestes* zu *tun,* dann können Sie *bald* ein *Buch* lesen oder *Ball spielen* oder *ein Bier bestellen:* Sie haben die *Prüfung bestanden.*

## I. Wie heißt das Gegenteil?

1. Ich *beende* meine Tätigkeit am Ersten des Monats.
   a) Ich belohne meine Tätigkeit.
   b) Ich behalte meine Tätigkeit.
   c) Ich beginne meine Tätigkeit.

2. Man soll nicht *beginnen*
   a) und sofort wieder anfangen.
   b) und sofort wieder aufhören.
   c) und sofort wieder aufpassen.

3. *Bekommen* Sie lieber ein Geschenk,
   a) oder geben Sie es lieber?
   b) oder erhalten Sie es lieber?
   c) oder vermeiden Sie es lieber?

4. Gute Taten werden *belohnt,*
   a) schlechte bestraft.
   b) schlechte erkannt.
   c) schlechte verdient.

5. Der Dieb darf das Gefängnis *betreten,*
   a) aber nicht verlassen.
   b) aber nicht bleiben.
   c) aber nicht loslassen.

6. Was *billig* ist, kostet nicht viel,
   a) sonst wäre es kostbar.
   b) sonst wäre es teuer.
   c) sonst wäre es zuviel.

7. „*Bleiben* Sie noch etwas?"
   a) „Ich muß leider weggehen."
   b) „Ich muß leider aufhören."
   c) „Ich muß leider anhalten."

8. Heute werden die Straßen sehr *breit* gebaut;
   a) früher waren sie eng.
   b) früher waren sie weit.
   c) früher waren sie krumm.

9. *Bringst* du mir das Buch,
   a) oder soll ich es mir kaufen?
   b) oder soll ich es mir holen?
   c) oder soll ich es mir suchen?

10. Ich *befehle* dir,
    a) und du mußt gefallen.
    b) und du mußt gehorchen.
    c) und du mußt gehören.

*Bleiben* Sie *bitte* sitzen, gehen Sie nicht weg! Es *bleiben* noch 5 Übungen *übrig,* bevor Sie *es sich bequem machen* können. *Beißen* Sie *in den sauren Apfel,* und Sie werden *belohnt* werden, durch Erfolg im *Beruf zum Beispiel,* denn Ihr Kollege spricht *bestimmt* nicht so gut Deutsch wie Sie!

## II. Welches Wort ist gleich oder ähnlich?

1. Gestern *begegnete* ich meinem Lehrer; d.h.
   a) ich begrüßte ihn.
   b) ich begleitete ihn.
   c) ich traf ihn.
2. Ich *bekam* ein Telegramm; d.h.
   a) ich schickte es.
   b) ich gab es.
   c) ich erhielt es.
3. In dieser Stadt finden sich vicle moderne *Bauten.*
   a) Bahnhöfe
   b) Gebäude
   c) Fabriken
4. Der Polizist *bemerkte* den Dieb.
   a) Er sah ihn.
   b) Er suchte ihn.
   c) Er fand ihn.
5. Er ist *bereits* abgefahren.
   a) doch
   b) sicher
   c) schon
6. Ein *berühmter* Mann ist
   a) sehr bekannt.
   b) sehr bequem.
   c) sehr fremd.
7. Er *beschloß,* eine Reise zu machen; d.h.
   a) er entschloß sich dazu.
   b) er plante es.
   c) er beabsichtigte es.
8. Mein *Besitz* ist
   a) meine Eigenschaft.
   b) mein Bedarf.
   c) mein Eigentum.
9. Er *betrachtete* das Bild.
   a) Er beobachtete es.
   b) Er sah es an.
   c) Er malte es.
10. Ich habe *bloß* 10 Mark.
   a) einfach
   b) nur
   c) leider

*Bis jetzt* haben Sie zwei Übungen gemacht. Das *bedeutet,* Sie haben Ihren *Bedarf* noch nicht *gedeckt.* Auf dem *Bildschirm* ist sowieso *nichts Besonderes* los, und *zu Bett gehen* wollen Sie doch noch nicht? *Werfen* Sie also noch schnell *einen Blick auf* die nächste Übung!

## III. Welche Fortsetzung ist richtig?

| | |
|---|---|
| 1. Ich komme so bald wie möglich, | a) um nicht weiterzukommen.<br>b) um keine Zeit zu verlieren.<br>c) damit die Zeit vergeht. |
| 2. Er klettert auf den Baum, | a) weil er ein Vogel ist.<br>b) weil er gern klettert.<br>c) weil er gern auf Berge steigt. |
| 3. Er biß in den sauren Apfel, | a) weil er saure Sachen liebt.<br>b) weil er nichts Süßes mag.<br>c) weil er nicht anders konnte. |
| 4. Es bleibt dabei! d.h.: | a) Einverstanden!<br>b) Wir ändern alles!<br>c) Wir verändern alles! |
| 5. Er braucht Geld, | a) weil er es nicht nötig hat.<br>b) weil er keins mehr hat.<br>c) weil er nichts ausgab. |
| 6. Er trägt eine Brille, | a) weil er Gläser gern hat.<br>b) damit er gut schlafen kann.<br>c) damit er besser sehen kann. |

Drei Übungen *bleiben* noch *übrig, bis* Sie *es sich bequem machen* können. Die nächste Übung ist *beinahe* zu leicht, wie Sie sofort *bemerken* werden. Lassen Sie sich dadurch aber *bloß* nicht *bewegen,* weniger aufzupassen, sondern *bemühen Sie sich,* keinen Fehler zu machen. Mit *ein bißchen* Glück wird Ihnen das *bestimmt* gelingen.

## IV. Ist das richtig?

| | falsch | richtig |
|---|---|---|
| 1. Blüten bluten. | ○ | ○ |
| 2. Ein gebildeter Mensch ist gut gebaut. | ○ | ○ |
| 3. Eine Birne ist eine Frucht. | ○ | ○ |
| 4. Bauern basteln Bäume. | ○ | ○ |
| 5. Bäcker backen Brot. | ○ | ○ |
| 6. Ein bedeutender Mensch bedeutet nichts. | ○ | ○ |
| 7. Ein Beamter sitzt oft in einem Büro. | ○ | ○ |
| 8. Zucker ist nicht bitter. | ○ | ○ |
| 9. Eine Bank dient zum Sitzen oder Geld leihen. | ○ | ○ |
| 10. Ein Band ist im Schrank oder im Haar. | ○ | ○ |

*Bitte* weiter, keine Pause, auch wenn der Himmel noch so *blau* ist, die *Birnbäume in Blüte stehen* und auf den Wiesen die *bunten Blumen blühen.* Eine Stunde später können Sie auch noch spazierengehen!

**V. Welche Wörter passen inhaltlich zueinander?**

| | | |
|---|---|---|
| 1. backen | 5. Bord | 9. brennen |
| 2. das Benzin | 6. braten | 10. baden |
| 3. der Betrag | 7. die Brille | |
| 4. die Briefmarke | 8. die Bühne | |

a) das Fleisch, b) das Geld, c) das Schiff, d) das Theater, e) das Brot, f) die Augen (Pl.), g) das Feuer, h) die Post, i) das Wasser, k) das Auto

**VI. Was gehört unbedingt zusammen?**

| | | |
|---|---|---|
| 1. ein Bad ............ | 5. die Brille .........:.. | 9. sein Brot ......... |
| 2. einen Blick ........ | 6. den Bedarf ......... | 10. Besorgungen .... |
| 3. einen Beruf ........ | 7. in Betrieb .......... | 11. ein Beispiel ...... |
| 4. Ball ................ | 8. im Begriff .......... | |

a) spielen, b) geben, c) sein, d) werfen auf, e) setzen, f) nehmen, g) decken, h) machen, i) ergreifen, k) aufsetzen, l) verdienen

Jetzt haben Sie *ein Beispiel gegeben*, wie man *sich mit etwas beschäftigt*. Das *bringt* sicher *Gewinn*. Glauben Sie, daß *sich* Ihre *Bekannten* auch so *bemühen?*

**VII. Wie heißen die Substantive?**
(Sie beginnen alle mit „B".)

1. Ich fühle mich schmutzig und nehme deshalb ein ... .....
2. Ich habe kein Auto, und zu Fuß ist es zu weit bis in die Stadt; also werde ich am besten mit der ..... fahren.
3. Junge Mädchen binden sich sehr oft bunte ..... ins Haar.
4. Goethes sämtliche Werke füllen mehr als 40 .....
5. In einem Park stehen in der Regel ..... zum Ausruhen.
6. Auf der ..... kann man Geld wechseln und Schecks einlösen.
7. Wenn man viel ißt und trinkt, bekommt man einen dicken .....
8. Zu meinem großen ..... muß ich Ihnen mitteilen, daß ich keinen Bedarf an den Produkten habe, die Sie mir anbieten.
9. „Gut, ich helfe Ihnen, aber nur unter einer .....: Sie bezahlen für meine Bemühungen den Betrag von 1000 Mark!"
10. Bevor der Staubsauger bekannt war, kehrte man mit dem .....
11. Ihre Produkte kommen für mich nur in ....., wenn Sie mir beweisen können, daß sie besser sind als andere Produkte.
12. Deutschland hat ein... ..... von mehr als 70 Millionen.
13. Als er die Maschine in ..... gesetzt hatte, war es so laut, daß man sein eigenes Wort nicht mehr verstehen konnte.

14. Die Schmerzen waren so groß, daß er d... ..... verlor.
15. Er hat sich das Bein gebrochen und muß einige Tage d... ..... hüten, bevor er wieder aufstehen und sich bewegen darf.
16. D... ..... der beiden Präsidenten blieb ohne Ergebnis, denn jeder beurteilte die Probleme der Welt anders.
17. Der Regierungschef kam in ..... seines Außenministers, um über die Beziehungen zwischen beiden Staaten zu sprechen.
18. Ich bin im ....., eine wichtige Entscheidung zu treffen. Stör' mich jetzt bitte nicht, sondern komm später wieder!
19. In England ist d... ärztliche ..... bereits kostenlos; auch andere Länder sollten diesem Beispiel bald folgen.
20. Autofahren kostet jetzt mehr, d... ..... ist teurer geworden.
21. Ich habe gerade einen ..... über die Lage im Fernen Osten gelesen, der mir auf den ersten Blick sehr gut gefällt.
22. Welchen ..... üben Sie aus und wo sind Sie beschäftigt?

## VIII. Wie heißen die Verben?
(Sie beginnen alle mit „b".)

1. Mein älterer Bruder ist Bäcker; er ..... Brötchen und Brot.
2. In der Freizeit beschäftigen sich manche Männer damit, kleine Segelschiffe aus Holz, Draht und Stoff zu .....
3. Manche Berge sind auch im Sommer immer mit Schnee .....
4. „Ich habe gehört, er will auswandern?" — „Das ..... nichts; er redet immer davon, hat aber bis jetzt nichts getan."
5. Speisen und Getränke stehen bereit, bitte, ..... Sie sich!
6. Gestern ..... ich meinem Freund, den ich schon lange nicht mehr gesehen hatte; ich hätte ihn beinahe nicht erkannt.
7. „Darf ich dich nach Hause .....? Ich habe denselben Weg."
8. Als nicht mehr genug Brot da war, um den Bedarf zu decken, ..... die Regierung, aus dem Ausland Korn einzuführen.
9. Ich ..... keinen Pfennig mehr. Leih' mir bitte fünfzig Mark.
10. Eine Sprache ..... nicht aus Wörtern, sondern aus Sätzen. Vergessen Sie das bitte nicht bei allen Ihren Bemühungen!
11. Beinahe hätte mein Bekannter die Prüfung nicht .....
12. Was mich ....., ich bin dafür, daß wir das Auto verkaufen. Wir benutzen es kaum, und außerdem brauchen wir Geld.
13. Wenn man sich in den Finger schneidet, ..... man.
14. ..... du mir das Buch, oder soll ich es holen kommen?
15. ..... Sie Ihrer Frau bitte schöne Grüße von mir!
16. Sag bitte niemandem etwas davon, sondern ..... es für dich.
17. ..... Sie nicht solchen Unsinn, ohne Beweise zu haben.
18. Gute Taten werden ....., böse Taten werden .....
19. Er ..... sich wirklich, d.h. er tut sein Bestes, aber es wird ihm wohl nicht gelingen, den Beschluß zu ändern.

20. Blutende Wunden darfst Du nicht mit den Fingern .....
21. „Hat der Chef jetzt Zeit?" — „Nein, er ist noch ....."
22. Ein gebildeter Mensch findet immer etwas, womit er sich ..... kann, wenn er einmal nichts Besonderes zu tun hat.
23. Ich brauche das Buch nicht mehr; du kannst es .....
24. Der Wagen war so schwer ....., daß die Pferde ihn kaum bewegen konnten. Wie kann man bloß Tiere so behandeln!

## IX. Wie heißen die Adjektive oder Adverbien? („b")

1. Wenn du mich brauchst, komme ich so ..... wie möglich!
2. Als das Kind über die Straße lief, um seinen Ball zurückzuholen, wäre es ..... von einem Bus überfahren worden.
3. Unser Lehrer ist bei uns sehr .....; alle haben ihn gern.
4. Dieser Sessel ist wirklich ..... Man fühlt sich wohl darin.
5. Das Flugzeug ist zum Start .....; der Motor läuft schon.
6. Sie kennen ihn bestimmt auch, er ist ein ganz ..... Mann.
7. Kein Platz ist mehr frei. Die Straßenbahn ist voll .....
8. Ich muß jetzt aber endlich gehen, es ist ..... Mitternacht.
9. Er wird ..... kommen. Sie können sich auf ihn verlassen.
10. Wenn Sie lange Zeit in der Sonne liegen, werden Sie .....
11. Ich bin ....., den Beweis für meine Behauptung zu bringen.
12. Wenn du jetzt nicht gleich zu Bett gehst, werde ich .....

## X. Vervollständigen Sie bitte die Sätze.

(Jetzt ist der Buchstabe „B" keine Hilfe mehr für Sie!)

1. Bei einer Behörde arbeiten im allgemeinen nur .....
2. ..... ..... Bedingungen wollen Sie für mich arbeiten?
3. Kinder müssen den Eltern ....., sonst werden sie bestraft.
4. Der Mann will mich nicht hineinlassen; er behauptet, hier haben Kinder nur ..... Begleitung ..... Erwachsenen Zutritt.
5. Ich war gerade ..... Begriff, mit der Bahn zu fahren, als mein Freund mit dem Auto kam, um mich abzuholen.
6. Meine Mutter ist von früh bis spät ..... ..... Beinen.
7. Beide Regierungen haben diplomatische ..... aufgenommen.
8. Ich habe 16 Birnen mitgebracht und möchte jedem meiner drei Kinder fünf geben. Wieviel bleiben dann .....?
9 Bei den beiden war es Liebe ..... ..... ersten Blick.
10. Gib mir bitte noch ein ..... ..... Brot und etwas Butter.
11. Ein gut gebratenes Rumpsteak muß außen ..... ..... Seiten schön braun sein, aber innen noch ein bißchen roh.
12. Seid ruhig, oder ihr bekommt ..... beide kein Taschengeld.
13. Ich danke Ihnen dafür, daß Sie auf meinen Sohn aufgepaßt haben. ..... er sich denn anständig oder hat er etwas angestellt?

14. Was sind Sie ..... Beruf und wo sind Sie beschäftigt?
15. Von der Entdeckung Amerikas bis ins 19. Jahrhundert ..... die europäischen Staaten große Gebiete ..... Besitz.
16. Ich gehe jetzt in die Stadt, um einige Besorgungen zu .....
17. Ich ..... bestens. Ich bin in jeder Beziehung zufrieden.
18. Benutzen Sie bitte die Treppe. Der Lift ist .......... .....
19. Im allgemeinen besteht eine Wohnung heute ..... drei Zimmern, Küche und Bad, beziehungsweise WC mit Bad.
20. Die neue Maschine wurde gestern ..... Betrieb .....

So ist es richtig! (Schlüssel)

I: 1c, 2b, 3a, 4a, 5a, 6b, 7a, 8a, 9b, 10b
II: 1c, 2c, 3b, 4a, 5c, 6a, 7a, 8c, 9b, 10b
III: 1b, 2b, 3c, 4a, 5b, 6c
IV: 1 falsch, 2 falsch, 3 richtig, 4 falsch, 5 richtig, 6 falsch, 7 richtig, 8 richtig, 9 richtig, 10 richtig
V: 1e, 2k, 3b, 4h, 5c, 6a, 7f, 8d, 9g, 10i
VI: 1f, 2d, 3i, 4a, 5k, 6g, 7e, 8c, 9l, 10h, 11b
VII: 1 ein Bad, 2 Bahn, 3 Bänder (Blumen), 4 Bände (Bücher), 5 Bänke, 6 Bank, 7 Bauch, 8 Bedauern, 9 Bedingung, 10 Besen, 11 Betracht, 12 eine Bevölkerung, 13 Betrieb (Bewegung), 14 das Bewußtsein, 15 das Bett, 16 Die Begegnung, 17 Begleitung, 18 Begriff, 19 die ... Behandlung, 20 das Benzin, 21 Bericht, 22 Beruf
VIII: 1 backt, 2 basteln, 3 bedeckt, 4 bedeutet, 5 bedienen, 6 begegnete, 7 bringen (begleiten), 8 beschloß, 9 besitze, 10 besteht, 11 bestanden, 12 betrifft, 13 blutet, 14 Bringst, 15 Bestellen, 16 behalte, 17 Behaupten, 18 belohnt ... bestraft, 19 bemüht, 20 berühren, 21 beschäftigt, 22 beschäftigen, 23 behalten (bekommen), 24 beladen
IX: 1 bald, 2 beinahe, 3 beliebt, 4 bequem, 5 bereit, 6 berühmter (bekannter), 7 besetzt, 8 bereits, 9 bestimmt, 10 braun, 11 bereit, 12 böse
X: 1 Beamte, 2 Unter welchen, 3 gehorchen, 4 in ... von, 5 im, 6 auf den, 7 Beziehungen, 8 übrig, 9 auf den, 10 eine Scheibe (ein Stück), 11 auf beiden, 12 alle, 13 Benahm, 14 von, 15 nahmen ... in, 16 machen, 17 danke, 18 außer Betrieb, 19 aus, 20 in ... gesetzt (genommen)

Wie viele Fehler haben Sie gemacht?

| | I bis VI | VII bis IX | X |
|---|---|---|---|
| sehr gut | 0— 5 | 0— 6 | 0— 2 Fehler |
| gut | 6—10 | 7—12 | 3— 4 Fehler |
| befriedigend | 11—15 | 13—18 | 5— 6 Fehler |
| bedenklich | 16—25 | 19—30 | 7—10 Fehler |
| Wiederholung nötig | über 25 | über 30 | über 10 Fehler |

# D wie Deutsch

Sind Sie *über* oder *unter dem Durchschnitt?* In *diesem* Buch ist *das* eine Frage des Fleißes; *deswegen dürfen* Sie mit *durchschnittlichen* Ergebnissen nicht zufrieden sein. *Denken Sie daran, daß* Sie sich *keinen Dienst erweisen,* wenn Sie schon *bei einbrechender Dunkelheit* Ihre Arbeit beenden. Sie *dürfen* nicht aufgeben!

## I. Wie heißt das Gegenteil?

1. Ist Peter *da?*
   a) Nein, er ist dabei!
   b) Nein, er ist fort!
   c) Nein, er ist dran!
2. Bist du *dafür?*
   a) Nein, ich bin dagegen!
   b) Nein, ich bin dahinter!
   c) Nein, ich bin davor!
3. Das Buch ist wohl hinter der Bank. Ist es *dahinter?*
   a) Nein, daneben!
   b) Nein, darauf!
   c) Nein, davor!
4. *Damals* trug man noch ganz lange Kleider,
   a) aber heute nicht mehr.
   b) aber früher nicht mehr.
   c) aber bald nicht mehr.
5. Ist das *derselbe* Mann wie vorhin?
   a) Nein, ein dringender.
   b) Nein, ein doppelter.
   c) Nein, ein anderer.
6. Sprich nicht so *undeutlich!*
   a) Ich spreche doch frei!
   b) Ich spreche doch direkt!
   c) Ich spreche doch deutlich!
7. Seit ich weniger esse, bin ich nicht mehr so *dick;*
   a) ich bin breit.
   b) ich bin dünn.
   c) ich bin lang.
8. Du gehst *dorthin,* und er kommt
   a) daraus.
   b) hierher.
   c) heraus.
9. In der Nacht ist es *dunkel,*
   a) am Tage finster.
   b) am Tage klar.
   c) am Tage hell.
10. Ich bin *dumm,* aber meine Schwester ist
    a) heiter.
    b) klar.
    c) klug.
11. Ich wohne im 2. Stockwerk. *Darüber* liegt noch das 3.;
    a) das 1. liegt darin.
    b) das 1. liegt darunter.
    c) das 1. liegt darauf.

*Sind Sie ganz durcheinander* nach *diesen dummen* Beispielsätzen? — Nicht? *Desto besser, dann haben Sie* wohl *nichts dagegen, daß* ich Sie *dränge,* sofort *die* nächste Übung zu versuchen.

## II. Welches Wort ist gleich oder ähnlich?

1. Ist Peter *da?*
   a) Ja, er ist fort.
   b) Ja, er ist hier.
   c) Ja, er ist weg.
2. In kleinen Häfen müssen Dampfer *dicht aneinander* liegen.
   a) dicht auseinander
   b) dicht nebeneinander
   c) dicht untereinander
3. Wer sehr *dick* ist,
   a) der ist groß.
   b) der ist fett.
   c) der ist dünn.
4. Er ist *durch und durch* naß.
   a) ein wenig
   b) etwas
   c) ganz

## III. Welche Fortsetzung ist richtig?

1. Ich kann nichts dafür,
   a) es geschah von allein.
   b) ich habe es so gewollt.
   c) denn ich bin dafür.
2. Er ist auf und davon
   a) und steht noch immer hier.
   b) und wartet immer noch.
   c) und kommt nicht wieder.
3. Ich lerne Deutsch,
   a) weil ich es schon kann.
   b) weil es unmöglich ist.
   c) weil ich es lernen möchte.
4. Es donnert,
   a) wenn der Himmel klar ist.
   b) wenn es geblitzt hat.
   c) wenn es geregnet hat.
5. ,,Wer ist dort?", fragt man
   a) in der Straßenbahn.
   b) im Kino.
   c) am Telefon.
6. Eine Sache ist dringend,
   a) wenn sie noch Zeit hat.
   b) wenn sie viel Zeit braucht.
   c) wenn sie eilig ist.
7. Wo denken Sie hin? d.h.:
   a) Wohin wollen Sie?
   b) Welche Gedanken haben Sie?
   c) Das kommt nicht in Frage!

*Deutsch* ist *doch* leicht, zumindest *dann und wann! Sind* Sie *gerade dabei, das zu* glauben? *Dann* wird es *desto schlimmer. Vor allen Dingen dürfen* Sie jetzt *keine Dummheiten machen,* sonst sind Sie schnell *unter dem Durchschnitt.*

## IV. Ist das richtig?

| | | |
|---|---|---|
| 1. Jedes Haus hat ein Dach. | ○ falsch | ○ richtig |
| 2. Herren sind immer herrlich. | ○ | ○ |
| 3. Ein Dampfer ist ein Schiff. | ○ | ○ |
| 4. Jeder Mensch hat 4 Daumen. | ○ | ○ |
| 5. Jeder Topf hat eine Decke. | ○ | ○ |
| 6. Diebe sind auch Menschen. | ○ | ○ |
| 7. Dringende Sachen sind wichtig. | ○ | ○ |
| 8. Wenn es blitzt, donnert es auch. | ○ | ○ |
| 9. Die Presse drückt Berichte. | ○ | ○ |
| 10. Durstige Menschen haben Durst. | ○ | ○ |
| 11. Duschen heißt ein Bad nehmen. | ○ | ○ |
| 12. Ein Dichter schreibt z. B. Gedichte. | ○ | ○ |
| 13. Einen Durchschnitt kann man nur mit einem scharfen Messer machen. | ○ | ○ |

## V. Welche Wörter passen inhaltlich zueinander?

1. das Dach
2. der Donner
3. der Deckel
4. der Daumen
5. der Dampf
6. der Direktor
7. das Dasein
8. das Dorf

a) die Hand, b) der Chef, c) der Bauer, d) das Leben, e) das Haus, f) das Wasser, g) der Blitz, h) der Topf

## VI. Was gehört unbedingt zusammen?

1. mit Dank ...........
2. einen Dienst .......
3. den Tisch ...........
4. Dienst ..............
5. Durst ...............
6. den Bedarf .........
7. Durchfahrt .........
8. dummes Zeug ......
9. den Knopf ........
10. die Hand .........
11. eine Dummheit ..

a) decken, b) reden (machen), c) haben, d) annehmen, e) verboten, f) machen, g) erweisen, h) decken, i) haben, k) drücken, l) drücken

*Es ist* schon *dunkel* und Sie *haben* jetzt keinen *Dienst* mehr. *Drehen* Sie *die Daumen* oder *duschen* Sie nach *dieser* Arbeit? Vielleicht gehen Sie *diesmal durchs Dorf* spazieren. Ah, Sie leben in der Stadt! Entschuldigen Sie bitte!

**VII. Wie heißen die Substantive?**
(Sie beginnen alle mit „D"!)

1. Jedes Haus hat ein ... ..... zum Schutz gegen Regen.
2. Der dickste Finger an einer Hand ist immer d... .....
3. Haltet den .....! Dort drüben will er gerade verschwinden.
4. Im ..... kann ich nicht sehen. Drücken Sie den Lichtknopf!
5. Zwölf Stück von einer Sache bezeichnet man als ein ... .....
6. Guten Tag, meine ..... und Herren! Ich freue mich, daß Sie gekommen sind und heiße Sie herzlich willkommen.
7. Wer Gedichte schreibt, ist deshalb noch kein .....
8. Wenn Sie Wasser zum Kochen bringen, entwickelt sich .....
9. Bauern wohnen nicht in der Stadt, sondern in einem .....
10. Ich freue mich sehr und nehme Ihr Geschenk mit ..... an.
11. In einem Zimmer ist unten der Fußboden und oben d... .....
12. Hörst du denn nicht, daß unser Kind schreit! Gib ihm doch endlich etwas zu trinken; es hat wahrscheinlich .....

**VIII. Wie heißen die Verben?**
(Sie beginnen mit „d".)

1. Ich ..... Ihnen dafür, daß Sie an mich gedacht haben.
2. Ich bin Ihnen sehr dankbar. Darf ich Ihnen die Hand .....?
3. Warum mußt du mich immer ....., ich tue es auch ohne diesen Druck. Du weißt doch genau, daß es länger dauert.
4. ..... bitte das Licht an. Im Dunkeln kann man nichts sehen.
5. Ich habe heute schwer gearbeitet und viel geschwitzt; ich muß deshalb erst einmal schnell ins Bad gehen und .....
6. Darf ich Ihnen zu dieser Sache meinen Standpunkt .....?
7. Wenn du diesen Knopf ....., dann öffnet sich die Tür.
8. Der Verbrecher ..... dem Polizisten mit der Faust.
9. Warum ..... es nur so lange, bis man Deutsch sprechen kann!
10. Es ist Aufgabe der Wirtschaft, den Bedarf zu .....
11. Die Forscher ..... die Wüste von einem Ende zum anderen.

**IX. Wie heißen die Adjektive und Adverbien?** („d")

1. „Hast du etwas ....., daß ich dann und wann etwas Geld dazuverdiene?" — „Durchaus nicht, ich bin sogar dafür!"
2. ....., vor 50 Jahren, war doch alles viel schöner als heute.
3. Jetzt lernen wir erst Deutsch und ..... gehen wir ins Kino.
4. Er ist auf und ..... und hat alle seine Sachen mitgenommen; ich nehme deshalb an, daß er vorläufig nicht wiederkommen wird.
5. Ich weiß nicht mehr, was ich tun soll. Ich bin ganz .....

6. Wenn man lange nichts getrunken hat, wird man .....
7. Im ..... Nebel siehst du alle Dinge nur ganz undeutlich.
8. Geh nur dort hinein, ich warte solange auf dich hier .....

**X. Vervollständigen Sie bitte die Sätze!**
(Der Buchstabe „D" ist nun keine Hilfe mehr für Sie!)

1. Hast du den ..... gedeckt? Draußen sind schon unsere Gäste.
2. ..... Fleiß kann man viel erreichen; daher üben Sie weiter!
3. Er studiert mit großem Erfolg. Er ist ..... ..... Durchschnitt. Daher kommt es, daß er die Prüfung bestanden hat.
4. Ich habe meinen Schirm vergessen; jetzt bin ich durch und ..... naß. Daran hätte ich aber auch vorher denken sollen.
5. Die Mutter warnt ihre Kinder: „..... keine Dummheiten!"
6. Die Verkäuferin fragte mich: „Womit kann ich .....?"
7. Können Sie mir sagen, wie dieses Wort ..... deutsch heißt?
8. Übersetzen Sie diesen Satz bitte ..... Deutsche!
9. Mach das Radio aus. Ich bin nahe ....., verrückt zu werden.
10. Er ist einfach ..... und davon, ohne mir etwas zu sagen.

So ist es richtig!

I: 1b, 2a, 3c, 4a, 5c, 6c, 7b, 8b, 9c, 10c, 11b
II: 1b, 2b, 3b, 4c
III: 1a, 2c, 3c, 4b, 5c, 6c, 7c
IV: 1 richtig, 2 falsch, 3 richtig, 4 falsch, 5 falsch, 6 richtig, 7 richtig, 8 richtig, 9 falsch, 10 richtig, 11 falsch, 12 richtig, 13 falsch
V: 1e, 2g, 3h, 4a, 5f, 6b, 7d, 8c
VI: 1d, 2g, 3h, 4i, 5c, 6a, 7e, 8b, 9k, 10l, 11f
VII: 1 ein Dach, 2 der Daumen, 3 Dieb, 4 Dunkeln, 5 ein Dutzend, 6 Damen, 7 Dichter, 8 Dampf, 9 Dorf, 10 Dank, 11 die Decke, 12 Durst
VIII: 1 danke, 2 drücken, 3 drängen, 4 Dreh', 5 duschen, 6 darlegen, 7 drückst, 8 droht(e), 9 dauert, 10 decken, 11 durchquer(t)en
IX: 1 dagegen, 2 Damals, 3 dann, danach, 4 davon, 5 durcheinander, 6 durstig, 7 dichten, 8 draußen
X: 1 Tisch, 2 Durch (Mit), 3 über dem, 4 durch, 5 Macht, 6 dienen, 7 auf, 8 ins, 9 daran, 10 auf

Wie viele Fehler haben Sie gemacht?

| | I bis VI | VII bis IX | X | |
|---|---|---|---|---|
| sehr gut | 0— 5 | 0— 3 | 1 | Fehler |
| gut | 6—10 | 4— 6 | 2 | Fehler |
| befriedigend | 11—15 | 7— 9 | 3 | Fehler |
| bedenklich | 16—25 | 10—15 | 4—5 | Fehler |
| Wiederholung nötig | über 25 | über 15 | über 5 | Fehler |

## E wie Erfolg

Der *Erfolg* hängt *einzig und allein* von Ihnen ab, das wissen Sie *ebensogut wie* jeder andere. Wenn Sie *sich* jetzt *erholen,* können Sie *das Ziel* nicht *erreichen.* Sie haben *sich einmal* dazu *entschlossen,* Deutsch zu lernen; nun wollen Sie doch keinen schlechten *Eindruck machen* und *einfach* aufhören?

### I. Wie heißt das Gegenteil?

| | |
|---|---|
| 1. Ist dieser Geldschein *echt* | a) oder wirklich?<br>b) oder wahr?<br>c) oder falsch? |
| 2. *Einfahrten* müssen freigehalten werden; | a) natürlich auch Rundfahrten.<br>b) natürlich auch Umleitungen.<br>c) natürlich auch Ausfahrten. |
| 3. Ein Geschäftsmann *kauft* Waren *ein* | a) und kauft sie wieder.<br>b) und verkauft sie wieder.<br>c) und stellt sie wieder her. |
| 4. Die Maschinen wurden erst *einzeln* geprüft | a) und dann zusammen verkauft.<br>b) und dann getrennt verkauft.<br>c) und nacheinander verkauft. |
| 5. Früher trugen die jungen Leute nicht so *enge* Hosen; | a) nahe hielt man für schöner.<br>b) lange hielt man für schöner.<br>c) weite hielt man für schöner. |
| 6. Sterne *entstehen,* und nach Millionen von Jahren | a) vergessen sie wieder.<br>b) erscheinen sie wieder.<br>c) vergehen sie wieder. |
| 7. Er hatte immer *Erfolg,* | a) sie nur Fehler.<br>b) sie nur Mißerfolge.<br>c) sie nur Mißverständnisse. |
| 8. Ich kann mich nicht mehr *erinnern;* | a) ich habe alles verglichen.<br>b) ich habe alles vergessen.<br>c) ich habe mir alles erklärt. |
| 9. Manche Eltern *erlauben* nie etwas; | a) sie verbieten nur immer.<br>b) sie verlangen nur immer.<br>c) sie verwirren nur immer. |
| 10. Er hat den Zug nicht mehr *erreicht.* | a) Er hat ihn verpaßt.<br>b) Er hat ihn erhalten.<br>c) Er hat ihn gefehlt. |
| 11. „*Ernst* ist das Leben, | a) traurig ist die Kunst."<br>b) heiter ist die Kunst."<br>c) klar ist die Kunst." |

Ist *es* nicht *erstaunlich,* wie schnell Sie *sich* an manche Wörter *erinnern?* Die *Erklärung* ist ganz leicht, Sie haben *eben* gut gelernt.

## II. Welches Wort ist gleich oder ähnlich?

1. Peter hat keinen Erfolg gehabt, Paul *ebenfalls* nicht.
   a) Paul auch nicht.
   b) Paul also nicht.
   c) Paul selbst nicht.
2. Das ist mir *egal.*
   a) Das ist mir möglich.
   b) Das ist mir gleich.
   c) Das ist mir dasselbe.
3. Das Land war ganz *eben.*
   a) flach
   b) gleich
   c) gerade
4. *Enge* Straßen sind
   a) lang.
   b) schmal.
   c) weit.

War das *etwas* zu wenig? Aber Sie müssen *sich* auch *einmal erholen. Erst gestern* haben Sie so viele neue Wörter gelernt, daß Sie jetzt *einmal etwas* langsamer arbeiten können. Oder *haben Sie es eilig?*

## III. Welche Fortsetzung ist richtig?

1. Er ist eben weggegangen,
   a) deshalb sitzt er noch dort.
   b) ich kann ihn nicht rufen.
   c) du kannst ihn sprechen.
2. Jetzt gehe ich einmal ins einzelne,
   a) denn ich will allein sein.
   b) denn ich will genau sein.
   c) denn ich will einzig sein.
3. Die beiden Staaten sind eng verbunden
   a) und kämpfen gegeneinander.
   b) und haben dauernd Streit.
   c) und arbeiten gut zusammen.

## IV. Ist das wirklich richtig?

| | falsch | richtig |
|---|---|---|
| 1. Eine Ebene hat viele Berge. | ○ | ○ |
| 2. Ecken sind rund. | ○ | ○ |
| 3. Spiegeleier sind immer gut geputzt. | ○ | ○ |
| 4. Wer in Eile ist, hat es eilig. | ○ | ○ |
| 5. Die Eisenindustrie stellt kein Eis her. | ○ | ○ |
| 6. Ein Erzeugnis ist ein Produkt. | ○ | ○ |
| 7. Jeder Mensch hat bestimmte Eigenschaften. | ○ | ○ |
| 8. Eine Erkältung ist eine Krankheit. | ○ | ○ |

Haben Sie den *Eindruck,* daß die letzte Übung Unsinn war? Wenn Sie auch nur *einen* Fehler gemacht haben, war Ihr *Eindruck* falsch.

## V. Welche Wörter passen inhaltlich zueinander?

| | | |
|---|---|---|
| 1. das Eis | 4. die Ernte | 7. der Einfluß |
| 2. das Ersatzteil | 5. das Eisen | |
| 3. der Erfinder | 6. die Elektrizität | |

a) die Forschung, b) das Licht, c) das Getreide, d) die Macht, e) die Reparaturwerkstatt, f) der Schnee, g) der Stahl

## VI. Was gehört unbedingt zusammen?

| | | |
|---|---|---|
| 1. eintreten .......... | 7. Einfluß .......... | 13. um die Erlaubnis |
| 2. entscheiden ....... | 8. ein Ende ......... | 14. den Zug .......... |
| 3. sich erinnern ...... | 9. Eindruck ......... | 15. eine Geschichte . |
| 4. erstaunen .......... | 10. eine Entscheidung | 16. einen Film ....... |
| 5. um die Ecke ....... | 11. einen Entschluß . | 17. eine Erklärung .. |
| 6. einer Einladung ... | 12. Erfolg ............ | 18. Partei ............ |

a) über, b) über, c) in, d) an, e) machen, f) machen, g) biegen, h) entwickeln, i) fassen, j) ausüben, k) folgen, l) treffen, m) abgeben, n) haben, o) ergreifen für, p) bitten, q) erzählen, r) erreichen

## VII. Wie heißen die Substantive?

(Sie beginnen alle mit „E".)

1. Mit der ..... der Dampfmaschine begann die industrielle Produktion in England und ebenso später in Europa.
2. Das Auto gehört mir, es ist mein ... persönliches .....
3. Das Wetter war dieses Jahr günstig, und die Bauern haben wieder einmal ein ... erstaunlich gute ..... gehabt.
4. Das Auto bog mit großer Geschwindigkeit um d... .....
5. Erst als ich in aller Eile einen ganzen ..... voll Wasser auf das kleine Feuer schüttete, ging es aus.
6. Erst heute morgen hat man in aller ..... die letzten Vorbereitungen für den Besuch des Präsidenten getroffen.
7. ..... Mai beginnen die Ferien und dauern etwa 8 Wochen.
8. Beide sind nun seit 10 Jahren verheiratet und passen gut zusammen. Sie führen wirklich ein ... gute .....
9. Er ist erstaunlich groß. Aus der ..... schien er mir kleiner.
10. Hühner legen ..... erst mit etwa 10 Monaten.
11. Deutsche ..... werden wegen ihrer Qualität auf der ganzen Erde geschätzt und daher von vielen Ländern eingeführt.
12. Er hat sich mir einmal vorgestellt; soviel ich mich erinnere, hat er aber keinen guten ..... auf mich gemacht.

**VIII. Wie heißen die Verben?**
(Sie beginnen mit „e".)

1. Viele Länder müssen alle Autos aus dem Ausland .....
2. Oft ..... beim Autofahren eine Sekunde über Leben und Tod.
3. Der Gast wurde herzlich ..... und erhielt ein gutes Essen.
4. Nach der Rede des Gastes ..... der Vorsitzende das Wort.
5. Findest du es kalt? Komisch, ich ..... diese Kälte nicht.
6. „Kann ich den Film gleich ..... lassen? Ich habe es eilig."
7. Ich werde mein Haus ganz modern .....; die altmodischen Möbel meiner Eltern habe ich verkauft und durch neue ersetzt.
8. Diese Schachtel ..... 20 Zigaretten.
9. Gestern bin ich einfach ohne Mantel im Regen spazierengegangen und habe mich .....; jetzt muß ich das Bett hüten.
10. „Hör' einmal, kannst du den Fernsehapparat richtig .....? Ich kann nichts erkennen; das Bild wandert dauernd."
11. Es war schon dunkel; so konnte ich ihn nicht genau .....
12. Im Jahre 1492 hat Columbus Amerika .....
13. Ich bin ....., endlich Deutsch zu lernen, und niemand wird mich hindern, diesen einmal gefaßten Entschluß auszuführen.
14. Kennen Sie diesen englischen Roman? Er ist soeben .....
15. Wann hat er eigentlich diese großen Besitztümer .....?
16. Kleine Kinder lassen sich gern Geschichten .....

**IX. Wie heißen die Adjektive oder Adverbien?** („e")

1. Es geht mir ..... besser, seit ich die Arznei eingenommen habe.
2. Glaub' mir, ich habe es mit meinen ..... Augen gesehen.
3. Tu in Gottes Namen, was er gesagt hat, er meint es .....!
4. Er hat ..... wenig Fehler gemacht. Wer hätte das gedacht!
5. Er ist ..... weggegangen. Vor 5 Minuten war er noch hier.
6. Die nächste größere Stadt ist nur 20 Kilometer .....
7. Das ist ein ..... Sportwagen, der nicht einmal teuer ist.
8. Mein Freund läuft ..... schnell ..... ich.
9. Kannst du mir ..... Geld leihen? Ich habe keins mehr.
10. Was willst du ..... von mir, laß mich endlich in Ruhe!
11. „Komme ich auf dieser Straße nach Hamburg?" — „Nein, Hamburg liegt in der ..... Richtung; Sie müssen umkehren."

**X. Vervollständigen Sie bitte die Sätze!**
(Der Buchstabe „E" ist nun keine Hilfe mehr für Sie.)

1. Der Sommer ging ..... Ende ohne große Ereignisse.
2. Ich bin ..... dieser Lösung einfach nicht einverstanden.
3. Sein Freund soll keinen guten Einfluß ..... ihn .....

4. Dein Freund hat einen guten Eindruck auf mich .....
5. Ich sage es ein .......... .....; es kommt nicht in Frage!
6. Wer erinnert sich nicht gern ..... seine Jugendzeit.
7. Fast alle Märchen beginnen: .... ......... .....
8. Ich werde Ihrer Einladung zum Abendessen gern .....
9. Ich bitte .......... ..... Erlaubnis, schon heute abzureisen.
10. Der Mann trat ohne Erlaubnis ..... d ... Zimmer ein.
11. Am Tor zu jedem Fabrikhof steht: Einfahrt .....!
12. Die Studenten ergriffen .... ...... ..... ihren Mit-Studenten, den die Polizei einfach verhaftet hatte.
13. Er war schwer krank und macht nicht den Eindruck, als ob er nun gesund wäre; er soll ..... noch einige Tage erholen.

So ist es richtig!

I: 1c, 2c, 3b, 4a, 5c, 6c, 7b, 8b, 9a, 10a, 11b
II: 1a, 2b, 3a, 4b
III: 1b, 2b, 3c
IV: 1 falsch, 2 falsch, 3 falsch, 4 richtig, 5 richtig, 6 richtig, 7 richtig, 8 richtig
V: 1f, 2e, 3a, 4c, 5g, 6b, 7d
VI: 1c, 2a, 3d, 4b, 5g, 6k, 7j, 8e, 9f, 10l, 11i, 12n, 13p, 14r, 15q, 16h, 17m, 18o
VII: 1 Erfindung, 2 mein ... Eigentum, 3 eine ... Ernte, 4 die Ecke, 5 Eimer, 6 Eile, 7 Ende, 8 eine ... Ehe, 9 Entfernung, 10 Eier, 11 Erzeugnisse, 12 Eindruck
VIII: 1 einführen, 2 entscheidet, 3 empfangen, 4 ergriff, 5 empfinde, 6 entwickeln, 7 einrichten, 8 enthält, 9 erkältet, 10 einstellen, 11 erkennen, 12 entdeckt, 13 entschlossen, 14 erschienen, 15 erworben, 16 erzählen
IX: 1 etwas, 2 eigenen, 3 ernst, 4 erstaunlich, 5 eben, 6 entfernt, 7 erstklassiger, 8 ebenso ... wie, 9 etwas, 10 eigentlich, 11 entgegengesetzten
X: 1 zu, 2 mit, 3 auf ... ausüben, 4 gemacht, 5 für allemal, 6 an, 7 Es war einmal, 8 folgen, 9 um die, 10 in das, 11 freihalten, 12 Partei für, 13 sich

Wie viele Fehler haben Sie gemacht?

| | I bis VI | VII bis IX | X | |
|---|---|---|---|---|
| sehr gut | 0— 5 | 0— 4 | 1 | Fehler |
| gut | 6—10 | 5— 8 | 2 | Fehler |
| befriedigend | 11—15 | 9—12 | 3 | Fehler |
| bedenklich | 16—25 | 13—20 | 4—6 | Fehler |
| Wiederholung nötig | über 25 | über 20 | über 6 | Fehler |

# F wie Ferien

Ohne *Fleiß* kein Preis, heißt ein deutsches Sprichwort. *Falls* Sie aber *fleißig gearbeitet* und nicht zuviel *aus dem Fenster gesehen* haben, dürfen Sie jetzt einmal mit Ihrer *Familie* oder Ihren *Freunden* eine kleine *Ferienreise* machen. *Fahren* Sie *mit dem Auto* oder *gehen* Sie *zu Fuß* und genießen Sie die *frische Frühlingsluft.* Danach *fühlen* Sie *sich* wieder *wohl* und sind so richtig *in Form für* die *folgenden* Übungen.

## I. Wie heißt das Gegenteil?

1. Gestern *fiel* die Temperatur,
   a) heute steigt sie wieder.
   b) heute sinkt sie wieder.
   c) heute steht sie wieder.
2. Dieser Stoff ist zu *fein,*
   a) haben Sie keinen größeren?
   b) haben Sie keinen gröberen?
   c) haben Sie keinen kleineren?
3. *Freund* und
   a) Kind griff zu den Waffen.
   b) Feind griff zu den Waffen.
   c) Fahrer griff zu den Waffen.
4. Halt' bitte den Faden noch einen Moment *fest;*
   a) gleich kannst du weglassen.
   b) gleich kannst du verlassen.
   c) gleich kannst du loslassen.
5. *Fettes* Fleisch darf ich nicht essen.
   a) Geben Sie mir bitte mageres.
   b) Geben Sie mir bitte dünnes.
   c) Geben Sie mir bitte feuchtes.
6. In der Fernsprechzelle wurde ein Ring *gefunden.*
   a) Wer hat einen gelöst?
   b) Wer hat einen gewonnen?
   c) Wer hat einen verloren?
7. Ich *folge* gleich;
   a) geh nur vorbei.
   b) geh nur vorüber.
   c) geh nur voraus.
8. Ist dieser Platz *frei?*
   a) Nein, er ist leider voll.
   b) Nein, er ist leider besetzt.
   c) Nein, er ist leider ganz.
9. Sie lebten lange zusammen und teilten *Freude*
   a) und Vergnügen.
   b) und Spaß.
   c) und Leid.
10. Friedliche Beziehungen entstehen nur im *Frieden,*
    a) aber nicht im Leid.
    b) aber nicht im Krieg.
    c) aber nicht im Sieg.

11. Er arbeitet von *früh* bis
a) eines Abends.
b) morgens.
c) spät.

12. *Früher* oder
a) spät stirbt jeder Mensch.
b) bald stirbt jeder Mensch.
c) später stirbt jeder Mensch.

Das Erlernen *fremder* Sprachen *fordert Fleiß*. Manchen Leuten *fällt es schwer*. Sie aber sind *auf jeden Fall* schon *fähig*, viele *Fragen* zu beantworten. Wenn Sie einmal zuviele *Fehler machen*, *fangen* Sie wieder von vorne *an*. Manchmal ist es gut, *ein dickes Fell* zu *haben*. Aufhören *kommt* für Sie nicht *in Frage*.

## II. Welches Wort ist gleich oder ähnlich?

1. Ich wäre *fast* die Treppe hinuntergefallen.
a) endlich
b) beinahe
c) nahe

2. Mit dem Besen *fegt*
a) oder putzt man.
b) oder kehrt man.
c) oder sät man.

3. Wer *sich freut*, ist
a) traurig.
b) fröhlich.
c) geehrt.

4. Der *Feind* griff morgens an.
a) Freund
b) Gegner
c) Gefährte

*Sprechen* Sie schon *fließend* Deutsch? Nun, dann beweisen Sie es; lesen Sie die *folgenden* zwei Zeilen dreimal schnell hintereinander ohne *Fehler:*

*Fischers Fritz fischt frische Fische,*
*frische Fische fischt Fischers Fritz.*

## III. Welche Fortsetzung ist richtig?

1. Er steht auf gutem Fuß mit seinem Chef; d.h.
a) er ist ein Fußgänger.
b) sie verstehen sich gut.
c) sie gehen gern zu Fuß.

2. Er ist in Form,
a) weil er gut geformt ist.
b) weil er gut gebaut ist.
c) weil er viel geübt hat.

3. „Falsch verbunden“, sagte
   a) der Arzt zum Kranken.
   b) der Beamte am Paketschalter.
   c) die Sekretärin am Telefon.

4. Er ballte die Faust,
   a) um den Ball zu fangen.
   b) um Faustball zu spielen.
   c) um ihm zu drohen.

5. Er hat ein dickes Fell,
   a) deshalb bleibt er ruhig.
   b) deshalb paßt ihm kein Anzug.
   c) deshalb geht er zum Arzt.

6. Wenn man fotografiert,
   a) macht man Ausnahmen.
   b) nimmt man Bilder.
   c) macht man Aufnahmen.

Sie *machen Fortschritte* und können bald *ein frohes Fest feiern. Freuen* Sie *sich* schon *darauf?* Welches *Fest?* Nun, das *Fest* des *Friedens, das Osterfest, das Pfingstfest,* Ihr *Geburtstagsfest* oder das *Geburtstagsfest* eines Ihrer *Freunde. Es findet sich fast* immer ein Grund zum *Feiern.* In Deutschland heißt es: Man muß *die Feste feiern,* wie sie *fallen,* d. h. dann, wenn sich die Gelegenheit bietet. Verpassen Sie nicht die Gelegenheit *aus Furcht vor* Zeitverlust!

## IV. Ist das wirklich richtig?

| | falsch | richtig |
|---|---|---|
| 1. In einer Fabrik wird produziert. | ○ | ○ |
| 2. Eine Fahrkarte braucht man für die Bahn. | ○ | ○ |
| 3. In der Fahrschule lernt man Auto fahren. | ○ | ○ |
| 4. Hühner und Vögel haben Federn. | ○ | ○ |
| 5. Auf den Feldern wächst Getreide. | ○ | ○ |
| 6. Das Fell ist die Haut eines Tieres. | ○ | ○ |
| 7. Wenn man Fieber hat, ist man krank. | ○ | ○ |
| 8. Fliegen sind Insekten. | ○ | ○ |
| 9. Wer fliehen muß, ist ein Flüchtling. | ○ | ○ |
| 10. Forscher forschen. | ○ | ○ |
| 11. Tiere fressen. | ○ | ○ |
| 12. Äpfel, Kirschen und Birnen sind Früchte. | ○ | ○ |

## V. Welche Wörter passen inhaltlich zueinander?

1. der Fels
2. die Flüssigkeit
3. die Furcht
4. die Flamme
5. das Fieber
6. der Faden
7. das Ferngespräch

a) nähen, b) die Angst, c) das Telefon, d) das Gebirge, e) das Wasser, f) die Krankheit, g) das Feuer

## VI. Was gehört unbedingt zusammen?

| | | |
|---|---|---|
| 1. Furcht ............ | 7. Fortschritte ...... | 13. zur Folge ........ |
| 2. ein Gespräch ...... | 8. einen Fehler ...... | 14. sich festhalten .. |
| 3. zu Fall ............ | 9. sich freuen ....... | 15. eine Frage ....... |
| 4. ein dickes Fell ..... | 10. einen Fehler ...... | 16. einen Film ....... |
| 5. den Faden ......... | 11. in Form ........... | 17. sich die Finger .. |
| 6. Freundschaft ...... | 12. sich fertig ........ | 18. die Flucht ........ |

a) machen, b) verbrennen, c) haben vor, d) haben, e) haben (machen), f) verlieren, g) führen, h) stellen, i) an, j) bringen, k) auf etwas, l) schließen mit, m) machen, n) ergreifen, o) drehen, p) sein, q) haben, r) machen (haben)

Jetzt *haben* Sie *frei.* Genießen Sie Ihre *Freizeit,* denn: *Fortsetzung folgt.* Aber vielleicht *freuen* Sie *sich* nicht *auf die Fortsetzung?*

## VII. Wie heißen die Substantive?

(Sie beginnen alle mit ,,F".)

1. Ein Jahr saß er im Gefängnis, jetzt ist er wieder in .....
2. In der Straßenbahn: ,,Noch jemand ohne .....?"
3. Wenn es das Wetter erlaubt, essen wir immer im .....
4. Das kommt nicht in .....! Ich erlaube es einfach nicht!
5. Die Polizei sucht ihn, aber er ist ständig auf der .....
6. Ich will auf keinen ....., daß du heute spät zurückkommst.
7. ,,Warum hat er das eigentlich für ihn getan? — ,,Wahrscheinlich aus .....; sie sind seit Jahren Freunde."
8. In einer ..... werden z. B. Maschinen hergestellt.
9. Stör' ihn jetzt nicht. Er ist so richtig in .....
10. Was, du hast den Auftrag bekommen, 100 Fernsehapparate zu liefern? Darauf trinken wir ein ...... Wein.

## VIII. Wie heißen die Verben?

(Sie beginnen alle mit ,,f".)

1. Sieh dir Peter an; du solltest seinem Beispiel .....
2. ,,Ich habe mir ein Loch in meine Hose gerissen. Kannst du sie .....?" — ,,Freilich. Deine Mutter soll wohl nichts merken?"
3. Der Saal ..... auf jeden Fall 2000 Personen.
4. Die Temperatur fiel auf drei Grad unter Null; es .....
5. In der Stadt ..... sie den Hund immer an der Leine.
6. Sie sehen krank aus. ..... Ihnen auch wirklich nichts?
7. Bevor ich Sie freilasse, muß ich zuerst einmal ....., wo Sie gestern abend zwischen 7 und 8 Uhr gewesen sind.
8. Es ..... mich, daß du bis zur Ferienreise wieder gesund bist.

## IX. Wie heißen die Adjektive oder Adverbien? („f")

1. Er ist ausgewandert und lebt jetzt ..... der Heimat.
2. Diese Fleischbrühe schmeckt .....; sie ist nicht so fett.
3. Für meinen Freund suche ich ein Zimmer mit ..... Wasser.
4. Er ist kein friedlicher Mensch und zu allem ....., wenn er erst einmal wütend ist. Lassen Sie ihn also nicht wütend werden!
5. Entschuldigen Sie, wo ist der Bahnhof? Ich bin hier .....
6. Meine Armbanduhr geht ..... Wieviel Uhr ist es jetzt?
7. Freilich, Gebirgslandschaften sind besonders schön, aber das ..... Land hat auch seine Schönheiten.
8. Lärm weckt mich nicht. Ich schlafe immer ganz .....
9. Mach dich bitte ..... In fünf Minuten fahren wir los.

## X. Vervollständigen Sie bitte die Sätze!

(Der Buchstabe „F" ist jetzt keine Hilfe mehr für Sie.)

1. Fehlende Klugheit kann man kaum ..... Fleiß ersetzen.
2. Deutsch zu lernen fällt ..... jetzt gar nicht mehr so schwer.
3. Gestern führte ich mit meinem Lehrer ein wichtiges .....
4. In den letzten 50 Jahren wurde die Forschung so verbessert, daß die Wissenschaft erstaunliche Fortschritte .....
5. Im Frühjahr fangen die Bauern an, die Felder zu .....
6. Ich möchte ..... keinen Fall das Flugzeug verpassen.
7. Ich bin .......... Flugzeug nach New York geflogen.
8. In wenigen Minuten stand das ganze Haus ..... Flammen.
9. Der hat ein ... dickes .....; ihn stört kein Lärm.
10. Er ist Franzose und ein guter Freund ..... mir.
11. Bei dem Streit bekam er einen ..... ins Gesicht.
12. Au!! Jetzt habe ich mich in den Finger .....
13. Dieser kleine Fehler hat den Politiker ..... Fall .....
14. Als sie die Polizei sahen, ..... die Diebe in aller Eile.
15. Er ist ..... zu Fuß; er wandert täglich einige Kilometer.
16. Sollen wir mit dem Auto fahren oder .......... gehen?

So ist es richtig!

I: 1a, 2b, 3b, 4c, 5a, 6c, 7c, 8b, 9c, 10b, 11c, 12c
II: 1b, 2b, 3b, 4b
III: 1b, 2c, 3c, 4c, 5a, 6c
IV: 1—12 alle Sätze sind richtig.
V: 1d, 2e, 3b, 4g, 5f, 6a, 7c
VI: 1c, 2g, 3j, 4d, 5f, 6l, 7a, 8e, 9k, 10r, 11p, 12m, 13q, 14i, 15h, 16o, 17b, 18n
VII: 1 Freiheit, 2 Fahrschein, 3 Freien, 4 Frage, 5 Flucht, 6 Fall, 7 Freundschaft, 8 Fabrik, 9 Fahrt, 10 eine Flasche

3—51962/1

VIII: 1 folgen, 2 flicken, 3 faßt, 4 friert, 5 führt, 6 Fehlt, 7 feststellen (fragen), 8 freut

IX: 1 fern, 2 fein, 3 fließendem, 4 fähig, 5 fremd, 6 falsch, 7 flache, 8 fest, 9 fertig

X: 1 durch, 2 mir, 3 Gespräch, 4 machte, 5 bestellen, 6 auf, 7 mit dem, 8 in, 9 ein ... Fell, 10 von, 11 Faustschlag (Schlag), 12 geschnitten, 13 zu ... gebracht, 14 flüchteten (flohen), 15 gut, 16 zu Fuß

Wie viele Fehler haben Sie gemacht?

| | I bis VI | VII bis IX | X | |
|---|---|---|---|---|
| sehr gut | 0— 6 | 0— 2 | 0—1 | Fehler |
| gut | 7—12 | 3— 6 | 2—3 | Fehler |
| befriedigend | 13—18 | 7— 9 | 4—5 | Fehler |
| bedenklich | 19—24 | 10—13 | 6—7 | Fehler |
| Wiederholung nötig | über 24 | über 13 | über 7 | Fehler |

Fühlen Sie sich eigentlich schon etwas sicherer als früher? Vergleichen Sie einmal Ihre Ergebnisse.

| | | | |
|---|---|---|---|
| Buchstabe „A“ | I—VI ..... | VII—IX ..... | X ..... |
| Buchstabe „B“ | I—VI ..... | VII—IX ..... | X ..... |
| Buchstabe „D“ | I—VI ..... | VII—IX ..... | X ..... |
| Buchstabe „E“ | I—VI ..... | VII—IX ..... | X ..... |
| Buchstabe „F“ | I—VI ..... | VII—IX ..... | X ..... |

# G wie Geduld

*Verlieren* Sie nicht *die Geduld,* wenn Sie nicht alle Wörter *im Gedächtnis behalten* können. Sie müssen *sich daran gewöhnen,* daß auch Ihr *Gedächtnis* seine *Grenzen* hat. *Machen* Sie nur oft *Gebrauch von* Ihrem *Gedächtnis,* dann wird es *ganz gewiß* besser.

## I. Wie heißt das Gegenteil?

1. Goethe wurde 1749 *geboren*
   a) und ist 1832 gestorben.
   b) und 1832 getötet.
   c) und 1832 gemordet.
2. Warum kämpfen die Menschen immer *gegeneinander,*
   a) statt miteinander zu leben?
   b) statt durcheinander zu leben?
   c) statt ineinander zu leben?
3. Heute *gelang* ihm der Start,
   a) gestern war er ihm erfolgt.
   b) gestern war er ihm gefehlt.
   c) gestern war er mißlungen.
4. Die Geschäfte sind bis abends *geöffnet,*
   a) aber ab sieben beendet.
   b) aber ab sieben geschossen.
   c) aber ab sieben geschlossen.
5. Eine *gerade* Linie ist immer kürzer als
   a) eine geringe.
   b) eine rechte.
   c) eine krumme.
6. Sobald man ihm eine Bitte *gewährt* hat,
   a) bestimmt er etwas Neues.
   b) fordert er etwas Neues.
   c) ergreift er etwas Neues.
7. Der *Glaube* wäre ohne Bedeutung,
   a) wenn es kein Gesetz gäbe.
   b) wenn es keinen Zweifel gäbe.
   c) wenn es keine Schulden gäbe.

*Im großen und ganzen* ist es leicht, die *Gegenteile* zu finden. Nur darf man sich nicht auf sein *Glück* verlassen, denn die *Göttin des Glücks* vergißt schnell.

## II. Welches Wort ist gleich oder ähnlich?

1. Eine *Gabe* ist
   a) ein Gift.
   b) ein Geschenk.
   c) eine Gegenwart.
2. Ich bin *gleich* wieder da.
   a) unbedingt
   b) sofort
   c) außergewöhnlich

Es ist nicht alles *Gold* was *glänzt: gleich gibt es* wieder die Möglichkeit für *grobe* Fehler, und niemand *greift* Ihnen *unter die Arme.*

## III. Welche Fortsetzung ist richtig?

1. Wer Gas gibt,
   a) verkauft Gas.
   b) fährt schneller.
   c) brennt schneller.

2. Das fällt ins Gewicht,
   a) denn es ist schwer.
   b) denn es hat Bedeutung.
   c) denn es bedeutet nichts.

3. Das ist der Gipfel! d.h.:
   a) Ich liebe große Bäume!
   b) Das hat mir noch keiner gesagt!
   c) Das ist sehr höflich!

4. Er griff ihr unter die Arme,
   a) weil er ihre Tasche wollte.
   b) weil er ein Dieb war.
   c) weil sie Hilfe brauchte.

5. Er macht ein schiefes Gesicht,
   a) weil er ihr gefallen will.
   b) weil er keine Lust hat.
   c) weil er sich so freut.

*Das genügt,* aber auch bei der nächsten Übung brauchen Sie Ihren *gesunden Menschenverstand. Sind Sie Ihrer Sache gewiß?* Nun, dann haben Sie *gut gelernt* und *das ist gut* so. Sie *machen* dann später bestimmt *kein schiefes Gesicht* wie die anderen, die ihre *gerechte Strafe* bekommen.

## IV. Ist das wirklich richtig?

| | falsch | richtig |
|---|---|---|
| 1. Wer sich in Gang setzt, sitzt im Gang. | ○ | ○ |
| 2. Gardinen hängen am Fenster. | ○ | ○ |
| 3. Ein gebildeter Mensch ist gut gebaut. | ○ | ○ |
| 4. Gefährten sind immer gefährlich. | ○ | ○ |
| 5. Geheimnisse sind öffentlich. | ○ | ○ |
| 6. Wer Mut hat, ist gemütlich. | ○ | ○ |
| 7. Üble Gerüche sind angenehm. | ○ | ○ |
| 8. Über ein Gift freut man sich. | ○ | ○ |
| 9. Ein großer Bauernhof ist ein Gut. | ○ | ○ |
| 10. Eine Grippe ist eine Krankheit. | ○ | ○ |
| 11. Jeder Staat hat Grenzen. | ○ | ○ |
| 12. In der Kirche läutet man Glocken. | ○ | ○ |
| 13. Der Gipfel ist die Spitze eines Berges. | ○ | ○ |
| 14. Getränke kann man trinken. | ○ | ○ |

**V. Welche Wörter passen zueinander?**

1. der Glaube
2. das Gras
3. das Gebäude
4. das Gewehr
5. die Gardine
6. die Geburt
7. der Gesang
8. das Gehalt
9. die Gestalt
10. das Gerät

a) der Tod, b) das Geld, c) die Wiese, d) der Vorhang, e) der Körper, f) das Lied, g) Gott, h) der Apparat, i) der Bau, j) der Schuß

**VI. Was gehört unbedingt zusammen?**

1. in Gruppen ........
2. zu Gesicht .........
3. die Grippe .........
4. die Gelegenheit ...
5. sich gewöhnen ....
6. Gebrauch ..........
7. die Grenze .........
8. Gas ................
9. Zeit ...............
10. Gestalt ............
11. in die Tasche .....
12. jemandem Gesellschaft .........
13. sich Gedanken ...
14. einen guten Griff
15. in Gegenwart ....
16. Geschäfte ........
17. Gefallen ..........
18. jemandem einen Gefallen ..........
19. die Geduld .......

a) überschreiten, b) annehmen, c) tun, d) einteilen, e) machen von, f) machen über, g) haben, h) an, i) finden an, j) tun, k) gewinnen, l) von, m) bekommen, n) greifen, o) machen, p) geben, q) verlieren, r) ergreifen, s) leisten

Ich lebe übrigens in einer wirklich schönen *Gegend. Ganz in der Nähe* ist ein *großes Gebirge,* an dessen Fuß kleine Dörfer mit interessanten alten *Gebäuden* und *gemütlichen Gasthäusern* liegen. Wenn Sie das *Gefühl* haben, Ferien zu *gebrauchen,* bietet sich hier also *eine gute Gelegenheit.* Fahren Sie nur los! Aber nicht *im dritten Gang,* sondern *gemütlich. Glückliche Reise!*

**VII. Wie heißen die Substantive?**
(Sie beginnen alle mit „G".)

1. In katholischen Gegenden läuten sonntags früh die .....
2. Sofort nach dem Start gab er ..... und fuhr im vierten Gang mit hoher Geschwindigkeit durch die engen Straßen.
3. Manche Wörter kann ich einfach nicht im ..... behalten.
4. Als ich vorhin Gas gab, ist der Wagen einfach stehengeblieben; wir müssen ihn jetzt erst wieder in ..... bringen.
5. Der Schwerverletzte ist jetzt, Gott sei Dank, außer .....
6. Er ist sehr ängstlich und zittert beim leisesten .....
7. „Können Sie mir bitte einen ..... tun?" — „Aber gewiß!"
8. In ganz Europa essen gebildete Menschen mit Messer und .....
9. Goldglänzende Strümpfe sind gar nicht nach meinem .....
10. Ihn kann nichts aus der Ruhe bringen. Er hat .....

11. Nur gute Autos können im dritten ..... Berge hinauffahren.
12. Er hat d... ....., abends zwei Flaschen Bier zu trinken.
13. Er ist wirklich ein Fachmann auf diesem .....
14. Er ist von ..... Deutscher, lebt jetzt aber in England.

## VIII. Wie heißen die Verben?

(Sie beginnen mit „g".)

1. Kinder sollten ihren Eltern immer .....
2. Wem wird es zuerst ....., den Mond zu betreten?
3. Das alte Gebäude ist ganz gewiß zu nichts zu .....
4. Die Insel Helgoland ..... zu Deutschland.
5. Das ..... sich nicht. Wie kannst du nur so etwas tun!
6. So stark hat es lange nicht mehr geregnet. Es .....
7. „Was .....'s Neues? — „Gar nichts, wie gewöhnlich!"
8. Der Angeklagte ..... den Diebstahl erst vor dem Gericht.
9. Die beiden Firmen wurden im Jahre 1880 gleichzeitig .....

## IX. Wie heißen die Adjektive oder Adverbien? („g")

1. Viele Soldaten glaubten, für eine ..... Sache zu kämpfen.
2. Genug jetzt! Wie kannst du nur so etwas Schlechtes über ihn sagen; das ist wirklich ganz ..... von dir.
3. Du hast Glück mit deinem Besuch; ich wollte ..... weggehen.
4. Ich wünsche Ihnen von ..... Herzen Erfolg.
5. Vor dem Gesetz sind alle .....; es gibt keinen Unterschied.
6. Ich habe nicht die ..... Ahnung, was passiert ist.
7. Sehr ..... Herr Müller! Ich erwarte Sie heute abend, 8 Uhr.
8. „Bist du mir jetzt böse?" — „Nein, nicht im .....!"
9. Das dürfen gewöhnliche Leute nicht erfahren, es ist .....
10. Der Verbrecher hat endlich seine ..... Strafe bekommen.
11. Ich bin Nichtraucher, nur ..... rauche ich eine Zigarre.
12. Ich bin meiner Sache ..... Es gibt gar keinen Zweifel.
13. So billig bekommst du gewöhnlich keinen Gebrauchtwagen. Glaub' mir, das ist wirklich eine ..... Gelegenheit.

## X. Vervollständigen Sie bitte die Sätze!

(Der Buchstabe „G" ist nun keine Hilfe mehr für Sie.)

1. Bevor wir nach Hause gehen, trinken wir erst einmal in ..... Gemütlichkeit noch eine gute Flasche Wein.
2. Er lebt in der Gegend ..... Köln; dort gefällt es ihm gut.
3. Ich habe kein Geld ..... mir. Kannst du mir etwas leihen?
4. Entschuldigen Sie, darf ich Ihnen Gesellschaft .....?

5. ....., Freiheit, Brüderlichkeit waren die Ziele, für die man in der Französischen Revolution kämpfte und starb.
6. Man sieht zwar noch hin und wieder Pferde in Deutschland. In der Landwirtschaft sind sie aber fast ganz ..... Gebrauch.
7. Ganz gewiß macht er sich Gedanken ..... seine Zukunft.
8. Zum Glück passierte nichts, als er ..... einer Geschwindigkeit ..... 120 Kilometern pro Stunde den anderen Wagen überholte.
9. Das geht sie, genaugenommen, gar nichts .....!
10. Gestern war ich in der Stadt; ..... dieser Gelegenheit habe ich meinen Onkel besucht, der ganz in der Nähe lebt.
11. In Gegenwart ..... jungen Mädchen wird er gleich rot.
12. In Griechenland galt die Verbindung eines gesunden ..... mit einem gesunden Körper als das Ideal eines Menschen.
13. Im ..... und ganzen bin ich zufrieden mit meinem Erfolg.

So ist es richtig!

I: 1a, 2a, 3c, 4c, 5c, 6b, 7b
II: 1b, 2b
III: 1b, 2b, 3b, 4c, 5b
IV: 1 falsch, 2 richtig, 3 falsch, 4 falsch, 5 falsch, 6 falsch, 7 falsch, 8 falsch, 9 richtig, 10 richtig, 11 richtig, 12 richtig, 13 richtig, 14 richtig
V: 1g, 2c, 3i, 4j, 5d, 6a, 7f, 8b, 9e, 10h
VI: 1d, 2m, 3g, 4r, 5h, 6e, 7a, 8p, 9k, 10b, 11n, 12s, 13f, 14c, 15l, 16o, 17i, 18j, 19q
VII: 1 Glocken, 2 Gas, 3 Gedächtnis, 4 Gang, 5 Gefahr, 6 Geräusch, 7 Gefallen, 8 Gabel, 9 Geschmack, 10 Geduld, 11 Gang, 12 die Gewohnheit, 13 Gebiet, 14 Geburt
VIII: 1 gehorchen, 2 gelingen, 3 gebrauchen, 4 gehört, 5 gehört, 6 gießt, 7 gibt, 8 gesteht, gestand, 9 gegründet
IX: 1 gerechte (gute), 2 gemein, 3 gerade, 4 ganzem, 5 gleich, 6 geringste, 7 geehrter, 8 geringsten, 9 geheim, 10 gerechte, 11 gelegentlich, 12 gewiß, 13 günstige (gute)
X: 1 aller, 2 von, 3 bei, 4 leisten, 5 Gleichheit, 6 außer, 7 über, 8 mit ... von, 9 an, 10 bei, 11 von, 12 Geistes, 13 großen

Wie viele Fehler haben Sie gemacht?

| | I bis VI | VII bis IX | X | |
|---|---|---|---|---|
| sehr gut | 0— 6 | 0— 3 | 1 | Fehler |
| gut | 7—12 | 4— 7 | 2 | Fehler |
| befriedigend | 13—18 | 8—10 | 3 | Fehler |
| bedenklich | 19—28 | 11—18 | 4—6 | Fehler |
| Wiederholung nötig | über 28 | über 18 | über 6 | Fehler |

# H wie Hoffnung

Wer *hat* eigentlich *seine helle Freude an* Ihnen, wenn Sie diese Sache *hier* nicht *an den Nagel hängen? Worauf wollen Sie hinaus?* Sie können doch nicht *den ganzen Monat hindurch* Tag für Tag über diesem *Heft* sitzen und *hintereinander* die Aufgaben lösen. *Hüten Sie sich davor,* zu schnell zu sein! Machen Sie pro Tag *höchstens* drei oder vier Übungen, diese aber ganz sorgfältig; prüfen Sie sich oft und wiederholen Sie *häufig.* — Alles braucht seine Zeit.

## I. Wie heißt das Gegenteil?

1. Die Birnen sind noch *hart;*
   a) bald sind sie fest.
   b) bald sind sie weich.
   c) bald sind sie sanft.
2. Man weiß erst, wie schön die *Heimat* ist,
   a) wenn man in der Fremde lebt.
   b) wenn man im Gebirge lebt.
   c) wenn man in der Ebene lebt.
3. Im Leben geht es *rauf*
   a) und raus.
   b) und rein.
   c) und runter.
4. Gegen *Hitze* kann ich mich weniger gut schützen
   a) als gegen Regen.
   b) als gegen Erkältung.
   c) als gegen Kälte.
5. Du warst so *hungrig.*
   a) Bist du jetzt sauber?
   b) Bist du jetzt voll?
   c) Bist du jetzt satt?
6. Wenn das Telefon klingelt, *nehme* ich *den Hörer ab;*
   a) nachher hebe ich ihn auf.
   b) nachher nehme ich ihn an.
   c) nachher lege ich ihn auf.

## II. Welches Wort ist gleich oder ähnlich?

1. Ich *habe* ein Haus.
   a) besitze
   b) miete
   c) kriege
2. Das ist *höchst* gefährlich!
   a) meistens
   b) äußerst
   c) viel
3. In einer Fabrik werden Waren *hergestellt.*
   a) repariert
   b) erzeugt
   c) verkauft

4. Das Buch ist *hervorragend*.
   a) sehr gut
   b) unmöglich
   c) bezeichnend
5. Im Herbst regnet es *häufig*.
   a) selten
   b) oft
   c) manchmal

Ein *Hase* ist ein Tier auf den Feldern. Aber das Wort ist nicht so wichtig; sprechen Sie nur den folgenden Satz *häufig* und schnell *hintereinander:* *Hans hat hundert Hasen husten hören.*

**III. Welche Fortsetzung ist richtig?**

1. Er hält den Mund,
   a) er sagt nichts.
   b) er redet ohne aufzuhören.
   c) weil er Schmerzen hat.
2. Er hält Wort,
   a) verlaß Dich nur auf ihn.
   b) er redet keinen Unsinn.
   c) er redet gern Unsinn.
3. Sie hängt an ihrer Mutter, d.h.
   a) ihre Mutter trägt sie.
   b) sie liebt ihre Mutter sehr.
   c) sie trägt ihre Mutter.
4. Das ist die Höhe! d.h.:
   a) Der Gipfel ist erreicht!
   b) Das wagst Du mir zu sagen!
   c) Wir sind oben!
5. Es liegt mir am Herzen, denn
   a) ich habe es am Herzen.
   b) ich mache mir Sorgen darum.
   c) ich liebe ihn.

Sie würden wohl *von Herzen gern* eine Pause machen, nicht wahr? *Es handelt sich* aber nur noch *um* drei Übungen. Also *Kopf hoch!*

**IV. Ist das wirklich richtig?**

| | falsch | richtig |
|---|---|---|
| 1. Die Hauptsache ist wichtig. | ○ | ○ |
| 2. Ein Hammer ist ein Werkzeug. | ○ | ○ |
| 3. Im Hafen sind Schiffe. | ○ | ○ |
| 4. Ein Handwerker hat ein Handwerk gelernt. | ○ | ○ |
| 5. Wer sich haßt, liebt sich nicht. | ○ | ○ |
| 6. Auf dem Herd kocht man. | ○ | ○ |
| 7. Wer um Hilfe ruft, braucht Hilfe. | ○ | ○ |
| 8. Honig ist süß. | ○ | ○ |
| 9. Ein Hügel ist ein kleiner Berg. | ○ | ○ |
| 10. Eine Hütte ist ein sehr kleines Haus. | ○ | ○ |

## V. Welche Wörter passen inhaltlich zueinander?

1. der Hafen
2. das Holz
3. der Hahn
4. der Hals
5. die Hilfe
6. der Handel
7. das Heer

a) der Geschäftsmann, b) der Soldat, c) die Not, d) das Schiff, e) der Baum, f) schlucken, g) das Huhn

## VI. Was gehört unbedingt zusammen?

1. sich hüten .........
2. herausnehmen .....
3. von sich hören ....
4. Handel ............
5. den Hut ...........
6. den Hahn .........
7. eine Vorlesung ...
8. der Länge nach ..
9. um Hilfe ..........
10. zu Hilfe ..........
11. die Hand .........
12. Wort .............
13. es für nötig ......

a) halten, b) hören, c) vor, d) eilen, e) treiben mit, f) lassen, g) halten, h) hinfallen, i) heben, j) aus, k) rufen, l) zudrehen, m) abnehmen

## VII. Wie heißen die Substantive?

(Sie beginnen alle mit „H".)

1. Ich möchte mir die ..... schneiden lassen, bitte!
2. Der Film hatte ein ... spannende .....; er gefiel mir.
3. Er ist Facharbeiter; er versteht sein ... .....
4. Es goß in Strömen und ich wurde naß bis auf d ... .....
5. Das Schiff hatte Mühe, den sicheren ..... zu erreichen.
6. Berlin ist auch heute noch d ... ..... Deutschlands.
7. Mit einem ..... trocknete er sich die Hände ab.
8. Sie hat fünf Kinder, führt aber den ..... ganz allein.

## VIII. Wie heißen die Verben?

(Sie beginnen mit „h".)

1. Sie kann nicht allein leben. Sie ..... sehr an ihrer Mutter.
2. Er braucht keine Hilfe; er weiß sich allein zu .....
3. Eine gute Berufsausbildung der Jugend ..... ich für nötig.
4. Du schläfst im Hotel, nicht zu Hause. Was soll das .....?
5. Er ist gekommen, wie er es versprochen hat; er ..... Wort.
6. Wenn ich krank bin, rufe ich den Arzt, damit er mich .....
7. Der Präsident ..... seine Hand und das Fest begann.
8. Sobald der Vorsitzende das Wort ergriff, ..... Stille.
9. Warum hast du bis heute nichts von dir ..... lassen?

**IX Wie heißen die Adjektive und Adverbien?** („h“)

1. Ich gehe ..... ins Kino, mindestens zweimal in der Woche.
2. Er hat seine ..... Freude an den hübschen Kindern.
3. Es ist schon lange ....., seit wir uns das letzte Mal sahen.
4. Es wird höchstens 30 Minuten dauern, also eine ..... Stunde.
5. Worauf wollen Sie eigentlich .....? Was ist Ihr Ziel?
6. In dieser Halle ist es mir zu ..... Gehen wir hinaus.

**X. Vervollständigen Sie bitte die Sätze!**
(Der Buchstabe „H“ ist nun keine Hilfe mehr für Sie.)

1. Er rief ..... Hilfe, aber niemand konnte ihm ..... Hilfe eilen. Um ihn her herrschte vollkommene Stille.
2. Die Lampe hängt zu hoch ..... der Decke. Hole eine Leiter!
3. Ich habe meinen Beruf an den ..... gehängt.
4. Beim Friseur kann man ..... die Haare ..... lassen.
5. Er fiel der ..... nach hin, stand aber sofort wieder auf.
6. Er wiegt höchstens 50 Kilo, er ist nur noch Haut und .....
7. Hunderte ..... Leuten kamen, um zu helfen. Es war herrlich!
8. Der Wasserhahn tropfte, deshalb ..... ich ihn .....
9. In klaren Nächten sieht man die Sterne ..... Himmel.
10. Es handelt sich ..... geheime Dinge. Also halte den Mund.
11. Ich habe einen ..... Hals und muß heute zu Hause bleiben.
12. Ich komme heute in 8 ..... Hoffentlich bist du dann zu Hause.
13. Als ich heute morgen spazierenging, goß es; ich hatte keinen Mantel und wurde deshalb naß ..... ..... die Haut.
14. Im Park liest man häufig: Hunde bitte an der ..... führen!

So ist es richtig!

I: 1b, 2a, 3c, 4c, 5c, 6c
II: 1a, 2b, 3b, 4a, 5b
III: 1a, 2a, 3b, 4b, 5b
IV: 1—10 alle richtig
V: 1d, 2e, 3g, 4f, 5c, 6a, 7b
VI: 1c, 2j, 3f, 4e, 5m, 6l, 7b, 8h, 9k, 10d, 11i, 12a, 13g
VII: 1 Haare, 2 eine ... Handlung, 3 sein Handwerk, 4 die Haut, 5 Hafen, 6 die Hauptstadt, 7 Handtuch, 8 Haushalt
VIII: 1 hängt, 2 helfen, 3 halte, 4 heißen, 5 hält, 6 heilt, 7 hob, 8 herrschte, 9 hören
IX: 1 häufig, 2 helle, 3 her, 4 halbe, 5 hinaus, 6 heiß
X: 1 um ... zu, 2 an, 3 Nagel, 4 sich ... schneiden, 5 Länge, 6 Knochen, 7 von, 8 drehte ... zu, habe ... zugedreht, 9 am, 10 um, 11 schlimmen, 12 Tagen, 13 bis auf, 14 Leine

Wie viele Fehler haben Sie gemacht?

| | I bis VI | VII bis IX | X | |
|---|---|---|---|---|
| sehr gut | 0— 4 | 0— 2 | 0—1 | Fehler |
| gut | 5— 9 | 3— 4 | 2—3 | Fehler |
| befriedigend | 10—14 | 5— 7 | 4—5 | Fehler |
| bedenklich | 15—23 | 8—11 | 6—7 | Fehler |
| Wiederholung nötig | über 23 | über 11 | über 7 | Fehler |

## I und J wie Irgend Jemand

Das sind zwei *ideale* Buchstaben, und *wenn ich mich nicht irre, ist es eine gute Idee, jetzt* einmal nur einen Test für beide Buchstaben zu geben. *Es liegt* auch *in Ihrem Interesse.* Sie haben eine große Hilfe! *Immerhin* beginnen alle Wörter mit „i" oder „j".

### Test: Vervollständigen Sie bitte die Sätze!

1. Nächstes ..... fahre ich auf jeden Fall nach Italien. Ich wollte das schon immer, aber bis jetzt war meine Frau dagegen.
2. Der Frühling ist für jedermann ein ... herrliche .....
3. Was Sie sich nicht besser vorstellen können, das ist .....
4. Heute beim Turnen sah ich, wie jemand meine Jacke stehlen wollte. Sofort machte ich ..... auf den Dieb und fing ihn.
5. Gestern ging ich mit meinem Onkel auf d... ..... Leider hatten wir kein Glück, obwohl er ein ... guter ..... ist.
6. Jetzt suchen Sie das Gegenteil von nie, es heißt: .....
7. In unserem ..... war immer irgendwo in der Welt Krieg. Jedesmal starben viele Menschen, meistens junge Leute.
8. Ich fahre einmal ..... in Urlaub, und jedesmal im Sommer.
9. Je mehr eine Flasche faßt, desto größer ist ihr ... .....
10. Dieser Mann ist inzwischen 100 ..... alt, aber ..... noch gesund und kräftig. Ich staune jedesmal, wenn ich ihn sehe.
11. ..... mehr man hat, desto mehr will man.
12. Dies ist eine große Industriestadt, in der sich alle Straßen gleichen. Passen Sie also auf und ..... Sie sich nicht im Weg!
13. Fliegen und Mücken sind ....., vor denen sich jeder hütet.
14. ..... wenn ich viel trinke, habe ich danach Kopfschmerzen.

15. „Fahren wir in die Stadt?“ — „Ja, das ist ein... gute ..... Jetzt eben wollte ich dich danach fragen.“
16. „Sie bekam ein Kind!“ — „So? Einen ..... oder ein Mädchen?“
17. Von außen sah der Baum gesund aus, aber ..... war er hohl.
18. Er lief wie verrückt über die Straße, ohne ..... zu sehen.
19. Von ..... an lerne ich täglich zwei Stunden Deutsch.
20. Er ist zwei Jahre ..... als ich, jedoch viel größer.
21. Helgoland, Kuba, Sansibar und Ceylon sind .....
22. Diesseits und ..... der Zonengrenze wohnen Deutsche.
23. Ich schreibe nur noch diesen Brief zu Ende. Du kannst ja ..... schon vorausgehen. Ich komme dann gleich nach.
24. Jungen und Mädchen wohnen in ..... billiger als im Hotel.
25. Ich spiele Geige. Spielst du auch ein... .....?
26. Es muß ein... ..... sein, daß Sie mich gestern im Theater gesehen haben; ich war den ganzen Abend zu Hause.
27. Ich rate Dir immer wieder: Tu es, es liegt in deinem .....!
28. Dies... ..... regnet es mehr als voriges Jahr.
29. Ich bin Ingenieur und ..... mich für die Eisenindustrie.
30. Er ist ..... von Beruf und in der Industrie beschäftigt.
31. Ist ..... hier, der an einem Abendessen Interesse hat?
32. ..... mehr Sie üben, ..... mehr deutsche Wörter werden Sie verstehen. Ihr Vorrat an Wörtern wird immer größer.
33. Mein zehn..... Junge hat erklärt, er interessiere sich nicht mehr für die Schule. Hat man ..... so was gehört?
34. Außen hat man dieses Haus vor einem ..... repariert, aber im ..... sieht es noch aus wie im vorigen Jahrhundert.

So ist es richtig!

Test: 1 Jahr, 2 eine ... Jahreszeit, 3 ideal, 4 Jagd, 5 die Jagd ... ein ... Jäger, 6 immer, 7 Jahrhundert, 8 jährlich, im Jahr, 9 ihr Inhalt, 10 Jahre ... immer, 11 Je, 12 irren, 13 Insekten, 14 Jedesmal (Immer), 15 eine ... Idee, 16 Jungen, 17 innen, 18 jemand (jemanden), 19 jetzt, 20 jünger, 21 Inseln, 22 jenseits, 23 inzwischen, 24 Jugendherbergen, 25 ein Instrument, 26 ein Irrtum, 27 Interesse, 28 Dieses Jahr, 29 interessiere, 30 Ingenieur, 31 jemand, 32 je ... desto, 33 -jähriger ... je, 34 Jahr ..... Innern

Wie viele Fehler haben Sie gemacht?

| | | |
|---|---|---|
| sehr gut | 0— 3 | Fehler |
| gut | 4— 6 | Fehler |
| befriedigend | 7— 9 | Fehler |
| bedenklich | 10—15 | Fehler |
| Wiederholung nötig | über 15 | Fehler |

# K wie Kopfschmerzen

Nun *kennen* Sie schon viele Wörter. Wenn Sie gut gelernt haben, erkennen Sie in den nächsten Übungen schnell die Wörter wieder. Verlieren wir *keine kostbaren* Minuten und *kommen wir zur Sache!* Später *können* wir *Kaffee trinken* und *im Kreise der Familie Kuchen* essen und *Kritik üben.*

## I. Wie heißt das Gegenteil?

1. Das Gegenteil von *Kälte* ist
   a) Hitze.
   b) Eis.
   c) Frische.

2. Das Gegenteil von *klug* ist
   a) interessant.
   b) fleißig.
   c) dumm.

3. Das Gegenteil von *komisch:*
   a) fremd.
   b) froh.
   c) ernst.

4. Das Gegenteil von *kostbar:*
   a) praktisch.
   b) häßlich.
   c) wertlos.

5. Das Gegenteil von *Kraft* ist
   a) Presse.
   b) Form.
   c) Schwäche.

6. Das Gegenteil von *krank* ist
   a) gesund.
   b) selten.
   c) mager.

7. Das Gegenteil von *Krieg* ist
   a) Schlacht.
   b) Konferenz.
   c) Frieden.

8. Das Gegenteil von *kriegen:*
   a) gehen.
   b) donnern.
   c) geben.

9. Das Gegenteil von *krumm* ist
   a) direkt.
   b) kurz.
   c) gerade.

10. Das Gegenteil von *kühl* ist
    a) frisch.
    b) warm.
    c) scharf.

Jetzt prüfen Sie: 5 Wörter sollten Sie unbedingt gewußt haben; mit 7 *können* Sie zufrieden sein, und bei 10 *kann* man nur noch *den Kopf schütteln über* Ihre *Kenntnisse;* dann sind Sie *ein tüchtiger Kerl!*

## II. Welches Wort ist gleich oder ähnlich?

1. Er war ein guter *Kamerad.*
   a) Feind
   b) Fotoapparat
   c) Freund
2. Er hat sein ganzes *Kapital* auf der Bank liegen.
   a) Metall
   b) Geld
   c) Schloß
3. Mein Onkel ist *Kraftfahrer.*
   a) Reisender
   b) Mechaniker
   c) Autofahrer
4. In diesem Geschäft bin ich *Kunde.*
   a) Gast
   b) Käufer
   c) Verkäufer

*Es kann sein,* daß Sie *sich* bei diesem Test *den Kopf zerbrochen* haben. Aber *ein kluger Kopf* weiß sich zu helfen.

## III. Wie heißt die richtige Fortsetzung?

1. Er kehrte ihm den Rücken,
   a) weil der schmutzig war.
   b) weil er ihm böse war.
   c) um sein Gesicht zu sehen.
2. Er zerbricht sich den Kopf,
   a) weil der Hut nicht paßt.
   b) weil er ins Krankenhaus will.
   c) um die Aufgabe zu lösen.
3. Fasse dich kurz,
   a) damit das Kleid paßt.
   b) ich will auch telefonieren.
   c) damit du nicht dick wirst.
4. Das ist keine Kunst,
   a) weil es so schön ist.
   b) weil es so leicht ist.
   c) weil es nicht schlecht ist.
5. Eine klare Antwort ist
   a) schmutzig.
   b) undeutlich.
   c) kurz und deutlich.

Nun, war alles *klar?* Oder mußten Sie häufig *den Kopf schütteln,* weil Sie nicht die richtige Antwort wußten? Aber die anderen *kochen* auch nur mit Wasser, das heißt: sie *können* es auch nicht besser.

## IV. Ist das richtig?

| | falsch | richtig |
|---|---|---|
| 1. Kirschen wachsen in der Kirche. | ○ | ○ |
| 2. Ein Keller ist unter einem Haus. | ○ | ○ |
| 3. In der Küche wird geschlafen. | ○ | ○ |
| 4. Im Café ißt man Kuchen. | ○ | ○ |
| 5. Ein Kraftfahrer fährt ein Auto. | ○ | ○ |
| 6. Küste kommt von küssen. | ○ | ○ |
| 7. Ein krummer Nagel ist neu. | ○ | ○ |
| 8. Eine Kurve ist nicht gerade. | ○ | ○ |
| 9. Jedes Messer hat eine Klinge. | ○ | ○ |

## V. Welche Substantive passen zu den folgenden Verben?

1. kämmen
2. kauen
3. kehren
4. klopfen
5. kochen
6. kämpfen
7. kaufen

a) Tür, b) Besen, c) Essen, d) Haare, e) Zähne, f) Kunde, g) Krieg

## VI. Was gehört unbedingt zusammen?

1. vor Kälte .........
2. auf einen Berg ....
3. sich eine Krankheit
4. Krieg ...............
5. zur Kenntnis ......
6. einen guten Kauf ..
7. zur Sache .........
8. an die Tür .........
9. das Knie ..........

a) klettern, b) machen, c) zittern, d) nehmen, e) zuziehen, f) klopfen, g) führen, h) beugen, i) kommen

## VII. Wie heißen die Substantive?

(Sie beginnen alle mit „K".)

1. Aus der ..... gießt man den Kaffee in die Tasse.
2. Die Deutschen essen zu Mittag fast immer .....
3. Aus Milch kann der Bauer Butter, aber auch ..... machen.
4. Die Haare kämmt sich jeder mit einem ....., das ist klar.
5. Für Kinder ist Kaffee ungesund; sie trinken besser .....
6. D... ..... verkauft Waren, d... ..... kauft sie.
7. Ein ... ..... fängt Mäuse und frißt sie dann auf.
8. D... ..... führt ein Schiff, d... ..... fährt ein Auto.
9. Wenn man fotografieren will, braucht man ein ... .....
10. In einem Kaufhaus zahlen die Kunden nur an der .....
11. Das bedeutendste Buch von Karl Marx ist „D... .....".
12. Ich arbeite mit ihm zusammen. Er ist mein ... .....
13. Wenn er nein sagt, schüttelt er jedesmal den .....
14. Auf ..... (Pl.) versuchen die Politiker der großen Staaten, die Probleme der Welt friedlich und ohne Krieg zu lösen.

15. Vor einer Reise packt man seine ..... und löst eine Karte.
16. Vom vielen Lernen tut mir der Kopf weh. Ich habe .....
17. ..... wird zu Mehl gemahlen, um Brot oder Kuchen zu backen.
18. D... ..... gibt Milch; daraus macht man Butter und Käse.
19. So einfach ist das? Das kann ich auch; das ist keine .....
20. Heute schreiben die meisten Leute nur noch mit einem .....
21. Früher gab es sonntags selbstgebackenen ..... bei uns.
22. Bevor ich ins Kino gehe, lese ich die ..... über den Film.
23. In der ..... können Sie kochen oder auch Kuchen backen.
24. Im ..... halten sich die Speisen länger frisch.
25. In den Bergen haben die Straßen meistens viele .....
26. Um Deutsch zu lernen, begann ich kürzlich einen .....
27. Der Mann, der ein Kunstwerk schafft, ist ein ... .....
28. Es gibt kaum Waren, die man in einem ..... nicht findet.
29. Unter einem Haus ist in der Regel ein ... .....
30. Meine Frau hat vor kurzem ein ... neues ..... gekauft.
31. Dieser Mann kennt sehr viel. Seine ..... sind erstaunlich.
32. Kaum ein Hauseingang ist ohne ein ... elektrische .....
33. Das Gericht hat d... ..... nicht angenommen.
34. Eine rote Frucht mit einem Stein ist ein ... .....
35. Klaus ist fleißig und genau, wirklich ein ... tüchtiger .....
36. In der Klasse schreibt der Lehrer mit ..... an die Tafel.
37. Ein Mensch, der krank ist, ist ein ... .....
38. Eine krumme Linie, die immer gleich weit von einem Mittelpunkt entfernt ist, bildet einen .....
39. Er muß ins Krankenhaus, er leidet an einer schweren .....

**VIII. Wie heißen die Verben?**
(Sie beginnen mit „k".)

1. Das Essen bei meiner Mutter schmeckt immer; sie ..... gut.
2. Das Auto ..... 7000,— DM und fährt 130 Kilometer pro Stunde.
3. „Wann wirst du endlich kommen?" — „Ich ..... ja schon!"
4. Er ..... die ganze Zeit über heftige Kopfschmerzen.
5. Kleine Kinder können noch nicht gehen, sie .....
6. Er hat Englisch gelernt, er ..... jetzt Englisch.
7. Im Krieg ..... die Soldaten bis sie siegen oder verlieren.
8. Viele Hausfrauen ..... das Haus nicht mehr mit dem Besen.
9. „Wie ist es möglich, wie ..... es, daß du schon da bist?"
10. Zum Abschied ..... die Mutter ihr Kind noch einmal.
11. Ich ..... täglich Post, denn ich habe viele Freunde.
12. Bevor ich Wein trinke, ..... ich ihn, um ihn zu prüfen.
13. Wenn keine Klingel da ist, müssen Sie an die Tür .....
14. Wenn du etwas ißt, was sehr hart ist, mußt du gut .....
15. Ohne Brille ..... ich kaum Kuh und Pferd unterscheiden.

4—51962/1

## IX. Wie heißen die Adjektive oder Adverbien? („k“)

1. Er macht immer so ..... Bemerkungen, daß ich lachen muß.
2. Meine Mutter ist schwer ....., sie muß ins Krankenhaus.
3. Hier ist es weder warm noch kalt, es ist angenehm .....
4. Eine Kurve ist niemals gerade, sondern immer .....
5. Ein Kunstwerk ist besonders wertvoll, d.h. es ist .....
6. Gestern fror es sehr, es war die ..... Nacht seit langem.
7. Meine Kamera ist heruntergefallen; jetzt ist sie .....
8. Das ist ein ..... Kind; es ist groß, stark und gesund.
9. Eintritt frei! heißt: hier ist der Besuch .....
10. Dieses Wasser ist so ....., daß man den Grund sehen kann.
11. „Üben Sie regelmäßig?“ — „Aber natürlich, das ist .....!“
12. Sag' nicht: „Vielleicht“; ich möchte eine ..... Antwort.

## X. Vervollständigen Sie bitte die Sätze!

(Der Buchstabe „K“ ist nun keine Hilfe mehr für Sie.)

1. Gestern waren 5 ..... Kälte; ich zitterte ..... Kälte.
2. Ein Bär soll sogar ..... einen Baum klettern können.
3. „Hier können Sie nichts ankleben! Da steht: ..... verboten!“
4. 1859 ..... Italien Krieg gegen Österreich; damals kam Henri Dunant auf den Gedanken, das Rote Kreuz zu gründen.
5. An der Ostsee ..... Deutschlands kann man herrlich baden.
6. Du fährst morgen ab und hast noch nicht deine Koffer .....?
7. Im Mittelalter ..... jeder vor dem König das Knie.
8. D... ..... ..... dauerte von 1939 bis 1945.
9. Heute habe ich mit Kollegen ..... ..... Kosten gefeiert.
10. Er ..... sich den Kopf, kann aber das Rätsel nicht lösen.
11. Die Kinder ..... einen Kreis und tanzten um die Mutter herum.
12. Das ist alles unwichtig, kommen wir endlich ..... Sache.
13. Um Mitternacht zum Schwimmen gehen? Welch komischer .....!
14. Krankenschwestern sind Frauen, die von Beruf Kranke .....
15. Früher war er kräftig und hat sich nie eine Krankheit .....
16. Die Schüler standen ..... ..... um den Lehrer herum.
17. Er kann das Gedicht ..... und braucht das Buch nicht mehr.
18. „Ich warte. Vielleicht kommt er noch.“ — „Ja, das kann .....“
19. Er hat ..... dieser ungünstigen Situation noch Kapital .....
20. Ich sah ihn nur von hinten; er ..... mir den Rücken zu.
21. Ich ..... ihre Klagen ..... Kenntnis und werde sie prüfen.
22. Ich kann es ..... glauben, daß er die Prüfung bestanden hat.
23. Beklage dich nicht immer ..... mir ..... dein Taschengeld.
24. Er machte einen guten .....; der Preis war äußerst günstig.
25. Dies... Karte ..... Deutschland zeigt alles klar und deutlich.
26. Für ‚vor kurzer Zeit‘ kann man sagen: vor ..... oder .....

27. Er ..... dauernd Kritik an mir; er weiß immer alles besser.
28. Statt ‚bald danach' können Sie auch sagen: ..... darauf.
29. In jeder Telefonzelle kannst du lesen: ..... dich .....!
30. Es war bitter kalt und alle Leute draußen .......... ..... Kälte.
31. Wenn Sie auf diesen Knopf ....., dann klingelt es drinnen.

So ist es richtig!

I: 1a, 2c, 3c, 4c, 5c, 6a, 7c, 8c, 9c, 10b
II: 1c, 2b, 3c, 4b
III: 1b, 2c, 3b, 4b, 5c
IV: 1 falsch, 2 richtig, 3 falsch, 4 richtig, 5 richtig, 6 falsch, 7 falsch, 8 richtig, 9 richtig
V: 1d, 2e, 3b, 4a, 5c, 6g, 7f
VI: 1c, 2a, 3e, 4g, 5d, 6b, 7i, 8f, 9h
VII: 1 Kanne, 2 Kartoffeln, 3 Käse, 4 Kamm, 5 Kakao, 6 Der Kaufmann ... der ... Kunde, 7 Eine Katze, 8 Der Kapitän ... der Kraftfahrer, 9 eine Kamera (einen Fotoapparat), 10 Kasse, 11 Das Kapital, 12 mein Kollege, 13 Kopf, 14 Konferenzen, 15 Koffer, 16 Kopfschmerzen, 17 Korn, 18 Die Kuh, 19 Kunst, 20 Kugelschreiber, 21 Kuchen, 22 Kritik(en), 23 Küche, 24 Kühlschrank (Keller), 25 Kurven, 26 Kursus, 27 ein Künstler, 28 Kaufhaus, 29 ein Keller, 30 ein ... Kleid, 31 Kenntnisse, 32 eine ... Klingel, 33 die Klage, 34 eine Kirsche, 35 ein ... Kerl, 36 Kreide, 37 ein Kranker, 38 Kreis, 39 Krankheit
VIII: 1 kocht, 2 kostet, 3 komme, 4 klagt(e), 5 kriechen, 6 kann, 7 kämpfen, 8 kehren, 9 kommt, 10 küßt(e), 11 kriege, 12 kostet, 13 klopfen, 14 kauen, 15 kann
IX: 1 komische, 2 krank, 3 kühl, 4 krumm, 5 kostbar, 6 kälteste, 7 kaputt, 8 kräftiges, 9 kostenlos, 10 klar, 11 klar, 12 klare
X: 1 Grad ... vor, 2 auf, 3 Ankleben, 4 führte, 5 -küste, 6 gepackt 7 beugte, 8 Der Zweite Weltkrieg, 9 auf meine, 10 zerbricht, 11 bildeten, 12 zur, 13 Einfall, 14 pflegen, 15 zugezogen, 16 im Kreis, 17 auswendig, 18 sein, 19 aus ... geschlagen, 20 kehrte (drehte), 21 nehme ... zur, 22 kaum, 23 bei ... über, 24 Kauf, 25 Diese ... von, 26 kurzem ... kürzlich, 27 übt, 28 kurz (bald), 29 Fasse ... kurz!, 30 zitterten vor, 31 drücken

Wie viele Fehler haben Sie gemacht?

| | I bis VI | VII bis IX | X | |
|---|---|---|---|---|
| sehr gut | 0— 4 | 0— 6 | 0— 3 | Fehler |
| gut | 5— 8 | 7—13 | 4— 6 | Fehler |
| befriedigend | 9—12 | 14—20 | 7— 9 | Fehler |
| bedenklich | 13—22 | 21—33 | 10—15 | Fehler |
| Wiederholung nötig | über 22 | über 33 | über 15 | Fehler |

## L wie Lernen

Merken Sie es schon? Sie sind jetzt immer mit *Lust* und *Liebe* bei der Arbeit, weil Sie *in der Lage* sind, die *Aufgaben leichter* zu *lösen.* Das ist der *Lohn* dafür, daß Sie gut und regelmäßig *gelernt* haben. Es war keine *leichte* Aufgabe bisher; vielleicht haben sehr viele *Leute* über diesem Arbeitsbuch ihre *gute Laune* verloren oder sitzen jetzt sogar herum und *haben Leibschmerzen.* Aber eins ist doch klar: es ist noch niemand *ums Leben gekommen,* weil er *mit Leib und Seele,* mit *Leidenschaft gelesen* und *gelernt* hat.

### I. Wie heißt das Gegenteil?

1. Das Kind *lachte* vor Freude;
   a) dann weinte es vor Schmerz.
   b) dann läutete es vor Schmerz.
   c) dann weckte es vor Schmerz.

2. Auf einem Flugplatz *landen*
   a) und nehmen Flugzeuge weg.
   b) und nehmen Flugzeuge ab.
   c) und starten Flugzeuge.

3. Peter ist viel *lebhafter* als Rudolf,
   a) der ziemlich lebendig ist.
   b) der ziemlich ruhig ist.
   c) der ziemlich unruhig ist.

4. Die ganze Woche über sind die Kinos meistens *leer,*
   a) am Sonntag sind sie voll.
   b) am Sonntag sind sie hohl.
   c) aber am Sonntag vollständig.

5. *Leider* kam er nicht.
   a) Unglücklicherweise kam er.
   b) Vorläufig kam er.
   c) Glücklicherweise kam er.

6. In England muß man *links* fahren,
   a) in Deutschland rechts.
   b) in Deutschland gerecht.
   c) in Deutschland recht.

7. Das ist eine *Lüge!*
   a) Sag' mir den Trost!
   b) Sag' mir die Wahrheit!
   c) Sag' mir den Vorteil!

8. Heute ist die Ladung für den LKW aber *leicht,*
   a) gestern war sie schwer.
   b) gestern war sie schwierig.
   c) gestern war sie schwach.

Bald werden Sie *in der Lage sein,* eine Reise durch Deutschland zu machen. Sie werden *Land und Leute* richtig *kennenlernen,* weil Sie auch die Sprache der *Leute* verstehen und sprechen.

## II. Welches Wort ist gleich oder ähnlich?

| | |
|---|---|
| 1. Es ist mir *lieb,* daß Sie gekommen sind. | a) angenehm<br>b) leid<br>c) zuviel |
| 2. Es *läutet.* | a) klopft<br>b) klingt<br>c) klingelt |
| 3. In diesem *Laden* kann man günstig einkaufen. | a) Keller<br>b) Lager<br>c) Geschäft |

Wenn Sie *keine Lust* mehr *haben, gehen* Sie kurz *an die* frische *Luft.*

## III. Welche Fortsetzung ist richtig?

| | |
|---|---|
| 1. Ich kann ihn nicht leiden, | a) weil er mir nicht gefällt.<br>b) weil er mir nicht leid tut.<br>c) weil er viel leidet. |
| 2. Das Zimmer liegt nach dem Garten; d.h. | a) es liegt hinter dem Garten.<br>b) es geht zum Garten.<br>c) es geht in dem Garten. |
| 3. Es liegt mir daran, denn | a) es ist wichtig für mich.<br>b) ich liege gern dort.<br>c) ich muß mich niederlegen. |

## IV. Ist das wirklich richtig?

| | falsch | richtig |
|---|---|---|
| 1. Die Ladung kann abgeladen werden. | ○ | ○ |
| 2. Landwirte sind Bauern. | ○ | ○ |
| 3. Ein Lappen ist ein Stück Stoff. | ○ | ○ |
| 4. Lärm ist ein angenehmes Geräusch. | ○ | ○ |
| 5. Wer guter Laune ist, ist wütend. | ○ | ○ |
| 6. Lebensmittel kauft man in Kleiderläden. | ○ | ○ |
| 7. Ein geliehenes Buch gehört mir. | ○ | ○ |
| 8. Mit einem Los kann man Geld gewinnen. | ○ | ○ |

## V. Welche Wörter passen inhaltlich zueinander?

| | | |
|---|---|---|
| 1. die Linie | 4. der Liter | 7. das Lied |
| 2. die Luftpost | 5. die Leitung | 8. der Löffel |
| 3. die Lippe | 6. das Los | |

a) Wein oder Wasser, b) der Chef, c) das Flugzeug, d) gerade oder krumm, e) der Mund, f) singen, g) Gabel und Messer, h) das Glück

Machen Sie *lieber* auch noch die *letzte* Übung dieser Gruppe, bevor Sie *das Licht ausmachen!*

### VI. Was gehört unbedingt zusammen?

| | | |
|---|---|---|
| 1. lächeln ............ | 6. auf dem laufenden | 11. holen ............ |
| 2. eine Liste .......... | 7. einen Dienst ..... | 12. machen .......... |
| 3. eine Aufgabe ...... | 8. in der Lage ....... | 13. am Leben ........ |
| 4. Lärm .............. | 9. Not ............... | |
| 5. sich lustig ......... | 10. ums Leben ....... | |

a) sein, b) bleiben, c) aufstellen, d) lassen, e) über, f) machen, g) lassen, h) lösen, i) machen über, j) sein (zu), k) leisten, l) leiden, m) kommen

### VII. Wie heißen die Substantive?
(Sie beginnen alle mit „L".)

1. Die Leute bauen schon lange an diesem Laden; aber es geht zu langsam, der Bau zieht sich immer mehr in d... .....
2. Ich war so krank, daß ich nicht in der ..... war zu kommen.
3. Mein alter Lehrer lacht gern und ist immer guter .....
4. Ich will meinen Wagen putzen. Hast du ein paar alte .....?
5. Von dieser Medizin nehmen Sie bitte täglich einen ..... voll.
6. Sei bitte ernst! Die Sache ist leider nicht zum .....
7. Sie können nicht telefonieren, d... ..... ist besetzt.
8. „Kann ich noch 10 Paar von diesen Schuhen bekommen?" — „Leider nicht, wir haben keine mehr auf ....."
9. Der Lehrling ist mit ..... und Liebe bei der Arbeit.
10. Bei der Zollkontrolle wird d... ..... des Schiffes geprüft.
11. Leben Sie wohl! Ich rufe Sie im ..... dieser Woche noch an.
12. In Afrika ist d... ..... bedeutender als die Industrie.
13. Er will Mechaniker werden. Im Augenblick ist er noch ....., aber später macht er eine Prüfung und wird Meister.
14. Der Mann, bei dem Sie Deutsch lernen, ist Ihr Deutsch .....
15. In vielen Ländern gibt es heute noch nicht genug Lastautos oder Wagen, so daß die Leute schwere ..... selber tragen.

### VIII. Wie heißen die Verben?
(Sie beginnen mit „l".)

1. Machen Sie sich keine Sorgen! ..... Sie mich nur machen!
2. Ich kann ihn nicht ..... Er ist zu laut; das gefällt mir nicht.
3. Kannst du mir das Buch über deutsche Literatur .....?
4. Als der Dieb verhaftet wurde, ..... er Widerstand.

5. Der Chef ..... sein Auto aus der Reparaturwerkstatt holen.
6. Können Sie mir die Lebensmittel auch rechtzeitig .....?
7. Tanken Sie niemals, wenn der Motor des Autos .....
8. Es tut mir leid, aber auch im Krankenhaus können wir ihn nicht heilen. Er ..... an einer unheilbaren Krankheit.
9. Auf Wiedersehen! ..... Sie wohl und lernen Sie fleißig.
10. Alles, was ....., muß über kurz oder lang sterben.
11. Lernen Sie die deutsche Sprache ganz für sich allein oder besuchen Sie einen Kurs, in dem ein Lehrer die Sprache .....
12. Auf dem Lande ..... heute noch abends um 6 Uhr die Glocken; dann wissen die Leute, daß sie mit der Arbeit aufhören können.
13. An gefährlichen Küsten muß nachts immer ein Licht ....., um alle Schiffe, die vorbeifahren, vor der Gefahr zu warnen.

## IX. Wie heißen die Adjektive und Adverbien? („l")

1. Mach' dich nicht .....; was du da sagst, ist doch Unsinn.
2. Er kennt die letzten Neuheiten; er ist immer auf dem .....
3. Es tut mir ....., daß ich dir weh tat. Entschuldige bitte.
4. „Repariere endlich einmal den Lichtschalter im Badezimmer!" – „Laß mich in Ruhe! Das habe ich schon ..... getan!"
5. In diesem Haus wohnen nur Familien mit Kindern; deshalb ist es dort laut und nicht so ..... wie anderswo.
6. Hab' nur Geduld. Uber kurz oder ..... wird er vernünftig.
7. Was ist nur mit ihm .....? Er müßte längst hier sein.
8. Jetzt hat es schon eine ganze Woche ..... geregnet.
9. Es ist nicht nett, daß Ihr euch über ihn ..... macht!
10. Wie ..... brauchen Sie, um den Wagen zu reparieren?
11. „Nehmen Sie doch Platz!" — „Danke, ich stehe ....."
12. Der Film war lang, aber nicht spannend, und daher sehr .....
13. Was ist mit deinem Telefon los? Zwei Stunden ..... habe ich versucht, dich anzurufen, aber immer war die Leitung besetzt.
14. Wie nett von Ihnen, daß Sie mir helfen. Sie sind sehr .....
15. Dieses ist nun der ..... Satz. War die Übung schwierig?

## X. Vervollständigen Sie bitte die Sätze!

(Der Buchstabe „L" ist nun keine Hilfe mehr für Sie!)

1. Bei dem Unfall in der letzten Woche sind drei Menschen ..... Leben gekommen; fünf andere wurden schwer verletzt.
2. Nach langer Reise gingen die Matrosen wieder ..... Land.
3. Die Sitzung zieht sich wieder einmal .......... Länge; gewisse Leute lieben es eben, sich selber reden zu hören.
4. Als das Benzin Feuer fing, flog gleich darauf der ganze Wagen .......... Luft. Da konnte keiner mehr Hilfe leisten.

5. Auf welcher ..... wird dieses Programm denn gesendet? Vielleicht kann ich die Station in meinem Radio hören.
6. Die ganze Ernte ist verdorben; alle Leute leiden .....
7. Es tut uns leid, daß wir Ihnen die gewünschte Ware nicht liefern können, aber wir haben sie nicht mehr ..... Lager.
8. Es ist schwer, ohne Lineal ein ......... Linie zu ziehen.
9. Schuhe und Fußbälle sind meistens ..........
10. Das ist eine ernste Sache und gar nicht ..... Lachen.
11. Er tut mir leid, er leidet ..... einer schweren Krankheit.
12. Ich bin nicht ..... der Lage, diese Aufgabe zu lösen.
13. Das ist zwar leicht ....., aber nicht so leicht getan!
14. Um die neue Lehre entstand ein Kampf auf ..... und Tod.
15. Der Dieb leistete heftigen ....., als er verhaftet wurde.

So ist es richtig!

I: 1a, 2c, 3b, 4a, 5c, 6a, 7b, 8a
II: 1a, 2c, 3c
III: 1a, 2b, 3a
IV: 1 richtig, 2 richtig, 3 richtig, 4 falsch, 5 falsch, 6 falsch, 7 falsch, 8 richtig
V: 1d, 2c, 3e, 4a, 5b, 6h, 7f, 8g
VI: 1e, 2c, 3h, 4f, 5i, 6a, 7k, 8j, 9l, 10m, 11d, 12g, 13b
VII: 1 die Länge, 2 Lage, 3 Laune, 4 Lappen, 5 Löffel, 6 Lachen, 7 die Leitung, 8 Lager, 9 Lust, 10 die Ladung, 11 Lauf(e), 12 die Landwirtschaft, 13 Lehrling, 14 -lehrer, 15 Lasten
VIII: 1 Lassen, 2 leiden, 3 leihen, 4 leistete, 5 ließ, läßt, 6 liefern, 7 läuft, 8 leidet, 9 Leben, 10 lebt, 11 lehrt, 12 läuten, 13 leuchten
IX: 1 lächerlich, 2 laufenden, 3 leid, 4 längst, 5 leise, 6 lang, 7 los, 8 lang, 9 lustig, 10 lange, 11 lieber, 12 langweilig, 13 lang, 14 liebenswürdig, 15 letzte
X: 1 ums, 2 an, 3 in die, 4 in die, 5 Wellenlänge, 6 Hunger (Not), 7 auf, 8 eine gerade, 9 aus Leder, 10 zum, 11 an, 12 in, 13 gesagt, 14 Leben, 15 Widerstand

Wie viele Fehler haben Sie gemacht?

| | I bis VI | VII bis IX | X | |
|---|---|---|---|---|
| sehr gut | 0— 4 | 0— 3 | 0—1 | Fehler |
| gut | 5— 8 | 4— 7 | 2—3 | Fehler |
| befriedigend | 9—12 | 8—11 | 4—5 | Fehler |
| bedenklich | 13—21 | 12—17 | 6—7 | Fehler |
| Wiederholung nötig | über 21 | über 17 | über 7 | Fehler |

# M wie Mühe

Ja *Mühe,* aber *es ist* ja auch *der Mühe wert,* daß Sie *sich* diese *Mühe machen.*

## I. Wie heißt das Gegenteil?

1. Ich liebe *mageres* Fleisch;
   a) feuchtes mag ich nicht.
   b) festes mag ich nicht.
   c) fettes mag ich nicht.

2. Bevor ich abfahre, muß ich den *Motor anlassen;*
   a) danach zünde ich ihn an.
   b) danach stelle ich ihn ab.
   c) danach drücke ich ihn aus.

3. *Mut* kann nur zeigen, wer vorher
   a) Fieber gehabt hat.
   b) Humor gehabt hat.
   c) Angst gehabt hat.

4. Ein Student *mietet* ein Zimmer; der Hausbesitzer
   a) vergleicht es.
   b) leiht es.
   c) vermietet es.

Bei diesem Buchstaben besteht tatsächlich *Mangel an* Wörtern, zu denen es ein Gegenteil gibt; es sei denn, *man* nimmt etwa *unmäßig* und *unmöglich.* Auch Wörter *mit* gleichem oder ähnlichem Inhalt sind nicht so zahlreich.

## II. Welches Wort ist gleich oder ähnlich?

1. Eine *Masse* ist eine
   a) Fortsetzung.
   b) Menschheit.
   c) Menge.

2. Das *Meer* ist
   a) der See.
   b) die See.
   c) die Mutter.

3. Meiner *Meinung* nach haben Sie schon viel gelernt.
   a) Untersuchung
   b) Ansicht
   c) Überraschung

4. Auf der *Messe* wird sehr viel Neues zu sehen sein.
   a) Ausstellung
   b) Mark
   c) Fahrschule

5. Er kam *auf die Minute.*
   a) Er kam wegen der Zeit.
   b) Er kam pünktlich.
   c) Er kam stolz.

## III. Welche Fortsetzung ist richtig?

1. Er nimmt Maß,
   a) weil es zu viel sind.
   b) weil er ein Schneider ist.
   c) weil er mäßig ist.

2. Sie leben von der Hand in den Mund, denn
   a) sie haben keine Gabel.
   b) sie essen mit den Fingern.
   c) sie haben kein Geld gespart.

3. Ich mache mir nichts daraus, denn
   a) es ist zu wenig.
   b) es ist mir egal.
   c) der Stoff reicht nicht.

## IV. Ist das wirklich richtig?

| | falsch | richtig |
|---|---|---|
| 1. Eine Mütze trägt man auf dem Kopf. | ○ | ○ |
| 2. In der Mühle mahlt der Müller Korn zu Mehl. | ○ | ○ |
| 3. Ein Maler malt Bilder. | ○ | ○ |
| 4. Eine Mücke ist ein Insekt. | ○ | ○ |
| 5. Die Lippen bilden die Mündung. | ○ | ○ |
| 6. Ein Mord ist auch im Mondschein möglich. | ○ | ○ |
| 7. Auf der Messe sieht man eine Menge Waren. | ○ | ○ |
| 8. Metzger bauen Mauern. | ○ | ○ |
| 9. Nur merkwürdige Menschen möchten um Mitternacht moderne Möbel malen. | ○ | ○ |
| 10. Viele Millionen Menschen trinken Milch. | ○ | ○ |

## V. Welche Wörter passen inhaltlich zueinander?

1. die Mahlzeit
2. das Mehl
3. das Metall
4. die Maus
5. die Milch
6. die Melodie
7. der Marsch
8. das Mitglied
9. der Mist
10. der Metzger

a) die Katze, b) das Eisen, c) übler Geruch, d) die Kuh, e) das Lied, f) das Fleisch, g) die Partei, h) der Soldat, i) das Brot, j) das Essen

## VI. Was gehört unbedingt zusammen?

1. aus Mangel ........
2. seine Meinung .....
3. Mühe ...............
4. an der Macht ......
5. Mittel und Wege ..
6. Mangel .............
7. den Mut ............
8. an die Macht ......
9. sich die Mühe ...
10. sich Mühe ........

a) sein, b) finden, c) an, d) verlieren, e) kommen, f) geben, g) haben an, h) ändern, i) haben mit, j) machen

Deutsch ist zwar nicht Ihre *Muttersprache,* aber wenn Sie *sich* weiter *Mühe geben, ist es möglich,* daß Sie bald erstaunlich gut Deutsch sprechen. *Verlieren* Sie jetzt nur nicht *den Mut!*

**VII. Wie heißen die Substantive?**
(Sie beginnen alle mit „M".)

1. Ich bin darüber wieder einmal anderer ..... als sie.
2. Die meisten Leute essen gewöhnlich drei ..... am Tag.
3. Die Soldaten mußten 40 Kilometer marschieren. Bei diesem ..... zeigte es sich, daß einige zu schwach waren.
4. Im Winter müssen Sie einen warmen ..... anziehen.
5. Eine Katze fängt ..... und frißt sie dann auf.
6. Wenn du zuviel ißt, kann später d... ..... weh tun.
7. Ich rauche viele Zigaretten, und immer d... gleiche .....
8. Wer eine Kartoffel gut zu malen versteht, ist ein... besserer ..... als der, der einen Heiligen schlecht malt.
9. „Schreibst du Briefe mit der .....?" — „Nein, mit der Hand."
10. Im Jahre 1933 kam Adolf Hitler an d... .....
11. Eisen, Gold und Silber bezeichnet man als .....
12. D... gesunde ..... ist gar nicht immer so gesund.
13. Aus ..... an Nachfrage wurde die Ware nicht mehr verkauft.
14. Der unangenehme Geruch in einem Stall kommt vom .....
15. Die politischen Parteien in Deutschland haben erstaunlich wenig zahlende ....., aber ziemlich viel Macht und Einfluß.
16. Vom ..... können die Armen nicht leben; sie brauchen Geld.
17. Manche Staatsmänner glauben immer noch, ihr Staat sei der ..... der Welt, und es müsse sich alles um sie drehen.
18. Wissen Sie, wo Hamburg liegt? — Ja, an der ..... der Elbe.
19. Die deutsche Sprache zu lernen ist schon der ..... wert.
20. Er bot mir d... ....., billig nach Afrika zu reisen.
21. Meine Mama ist immer nach der neuesten ..... gekleidet.
22. D... ..... der Menschheit läßt zu wünschen übrig. Die Menschen leben nicht mehr miteinander, jeder lebt für sich.
23. Dies... ..... ist überall bekannt; jeder pfeift sie schon.

**VIII. Wie heißen die Verben?**
(Sie beginnen mit „m".)

1. Ein normaler Bürger geht, aber Soldaten müssen .....
2. Ich möchte ihn zum Mittagessen einladen. Was ..... du dazu?
3. Du fährst doch in die Stadt. Kannst du mir etwas .....?
4. Kein Mensch wird Ihnen glauben, wenn Sie behaupten, daß Sie die Silberlöffel nur aus Versehen ..... haben!
5. Du kannst den Kuchen essen. Ich ..... mir nichts daraus.

6. Manche Wörter kann ich mir einfach nicht .....; ich ..... gern wissen, ob es Mittel und Wege gibt, das zu ändern.
7. Herr Müller, Sie sollen sich morgen früh beim Chef .....
8. Bevor man Karten spielt, muß man die Karten gut .....
9. Ich möchte einmal ein gutes Bild ..... können.
10. „Bist du noch krank?" — „Ich weiß nicht; seit heute morgen fühle ich mich wohl, ich muß einmal das Fieber ....."
11. Heute habe ich kein Glück. Alles, was ich versuche, ..... mir.

## IX. Wie heißen die Adjektive und Adverbien? („m")

1. Sag mal, stehst Du ..... regelmäßig um 7 Uhr auf?
2. Wer den ganzen Tag arbeitet, der ist abends .....
3. Im Mittelalter hatte die Kirche viel Macht; sie war sehr .....
4. Ich erwarte Sie. Kommen Sie bitte so schnell wie .....
5. „Wie alt sind Sie eigentlich?" — „Nun, raten Sie .....!"
6. Ich verstehe ihn nicht. Er hat manchmal so ..... Ansichten.
7. Am Wochenende gehe ich oft ins Kino, .... auch ins Theater.
8. Ärzte müssen manchmal ..... in der Nacht zu einem Kranken.
9. Wer sich wie ein Mensch benimmt, der ist .....
10. Diese Leistung ist ..... Geben Sie sich etwas mehr Mühe!
11. Macht verdirbt den Menschen. Wer sie hat, will immer .....
12. Das ist ein teurer Wagen; der kostet ..... 10 000,— DM.

## X. Vervollständigen Sie bitte die Sätze!

(Jetzt ist der Buchstabe „M" keine Hilfe mehr für Sie.)

1. Meiner Meinung ..... bringt der Gemeinsame Markt in Europa manche Vorteile für diejenigen Länder, die Mitglieder sind.
2. Nur keine Angst! ..... Sie jetzt bitte nicht den Mut.
3. Die Menschen zu ändern steht nicht ..... meiner Macht.
4. Herr Müller, melden Sie sich bitte morgen früh ..... mir!
5. Hitler ist im Jahre 1933 ..... die Macht gekommen.
6. ..... Mitternacht klingelte plötzlich das Telefon.
7. Ich mache mir nichts ..... Kuchen. Willst du ihn essen?
8. Mein Mann schreibt seine Briefe nur ..... der Maschine.
9. Ich muß fort. Ich komme aber so bald ..... möglich wieder.
10. ..... Mangel ..... Geld konnte er das Motorrad nicht kaufen.
11. Er ..... immer Mittel und Wege, um sein Ziel zu erreichen.
12. Ich sage es ein ..... allemal: Ich gehe nicht ins Kino!
13. Die Armen leben oft nur von der Hand ..... den Mund.
14. Diesen Artikel kann ich ..... großen Mengen liefern.
15. Das Flugzeug heute mittag kam ..... die Minute pünktlich.
16. Nun kommt nichts mehr. Hatten Sie Mühe ..... dieser Übung?

So ist es richtig!

I: 1c, 2b, 3c, 4c
II: 1c, 2b, 3b, 4a, 5b
III: 1b, 2c, 3b
IV: 1 richtig, 2 richtig, 3 richtig, 4 richtig, 5 falsch, 6 richtig, 7 richtig, 8 falsch, 9 richtig, 10 richtig
V: 1j, 2i, 3b, 4a, 5d, 6e, 7h, 8g, 9c, 10f
VI: 1c, 2h, 3i, 4a, 5b, 6g, 7d, 8e, 9j, 10f
VII: 1 Meinung, 2 Mahlzeiten, 3 Marsch, 4 Mantel, 5 Mäuse, 6 der Magen, 7 die ... Marke, 8 ein ... Maler, 9 Maschine, 10 die Macht, 11 Metalle, 12 der ... Menschenverstand, 13 Mangel, 14 Mist, 15 Mitglieder, 16 Mitleid, 17 Mittelpunkt, 18 Mündung, 19 Mühe, 20 die Möglichkeit, 21 Mode, 22 Die Menschlichkeit, 23 Diese Melodie
VIII: 1 marschieren, 2 meinst, 3 mitbringen, 4 mitgenommen, 5 mache, 6 merken ... möchte, 7 melden, 8 mischen, 9 malen, 10 messen, 11 mißlingt
IX: 1 morgens, 2 müde, 3 mächtig, 4 möglich, 5 mal, 6 merkwürdige, 7 manchmal, 8 mitten, 9 menschlich, 10 mäßig, 11 mehr, 12 mindestens
X: 1 nach, 2 Verlieren, 3 in, 4 bei, 5 an, 6 Um, 7 aus, 8 mit, 9 wie, 10 Aus ... an, 11 findet, 12 für, 13 in, 14 in, 15 auf, 16 mit

Wie viele Fehler haben Sie gemacht?

| | I bis VI | VII bis IX | X | |
|---|---|---|---|---|
| sehr gut | 0— 4 | 0— 4 | 0—1 | Fehler |
| gut | 5— 8 | 5— 9 | 2—3 | Fehler |
| befriedigend | 9—12 | 10—14 | 4—5 | Fehler |
| bedenklich | 13—21 | 15—23 | 6—8 | Fehler |
| Wiederholung nötig | über 21 | über 23 | über 8 | Fehler |

# N wie Nützlich

*Es nützt nichts,* die *Nerven* zu verlieren! *Denken* Sie lieber *nach* und *nehmen* Sie dieses Kapitel *in Angriff.* Es ist *noch* kein Meister vom Himmel gefallen, und *es macht nichts,* wenn Sie einmal ein Kapitel *nur* mit Mühe und *Not* beenden.

## I. Wie heißt das Gegenteil?

1. Sie müssen diese Übungen *nacheinander* machen;
   a) gleichzeitig geht es nicht.
   b) hintereinander geht es nicht.
   c) zuletzt geht es nicht.
2. Meine Uhr *ging* vor der Reparatur immer *nach,*
   a) jetzt geht sie immer vor.
   b) jetzt geht sie immer spät.
   c) jetzt geht sie immer früher.
3. Sie kamen von *nah* und
   a) fern.
   b) entfernt.
   c) ferner.
4. Wenn es auch nichts *nützt,*
   a) zerstören tut es nicht.
   b) zerschlagen tut es nicht.
   c) schaden tut es nicht.
5. Viele Menschen wollen entweder *nichts*
   a) oder alles.
   b) oder wenig.
   c) oder mehr.
6. *Nasse* Wäsche kann ich nicht anziehen,
   a) sie muß erst feucht sein.
   b) sie muß erst trocken sein.
   c) sie muß erst teuer sein.

## II. Welches Wort ist gleich oder ähnlich?

1. Es war *nahezu* unmöglich, noch Karten zu bekommen.
   a) fast
   b) wirklich
   c) in der Tat
2. *Neulich* habe ich ihn auf der Straße getroffen.
   a) endlich
   b) jährlich
   c) kürzlich
3. Ich liebe *natürlich* die Sonne und das Meer.
   a) sonst
   b) selbstverständlich
   c) sogar

So *nach und nach* geht es wieder, *nicht wahr,* Herr *Nachbar?*

**III. Welche Fortsetzung ist richtig?**

1. Man hält ihn zum Narren, d.h. man
   a) glaubt, er sei ein Narr.
   b) macht Spaß mit ihm.
   c) macht ihm Spaß.
2. Gehen Sie immer der Nase nach! d.h.:
   a) Folgen Sie dem mit der Nase.
   b) Gehen Sie immer geradeaus.
   c) Gehen Sie immer nach rechts.
3. Das geht mir auf die Nerven! d.h.:
   a) Ich muß zum Nervenarzt.
   b) Ich halte es nicht mehr aus.
   c) Meine Nerven sind gelöst.
4. Er ist von Natur aus heiter,
   a) da er oft in der Natur ist.
   b) da es ganz natürlich ist.
   c) da es seine Natur ist.

**IV. Ist das wirklich richtig?**

| | falsch | richtig |
|---|---|---|
| 1. Wer kein Geld hat und auch nichts verdienen kann, gerät bald in Not. | ○ | ○ |
| 2. Nebel entsteht durch Sonnenschein. | ○ | ○ |
| 3. Narren sind gelehrt. | ○ | ○ |
| 4. Ein Nachbar bezahlt immer bar. | ○ | ○ |
| 5. Mit einem Nagel näht man. | ○ | ○ |
| 6. In der Nacht sind alle Katzen grau. | ○ | ○ |
| 7. Fischer brauchen oft Netze. | ○ | ○ |

**V. Welche Wörter passen inhaltlich zueinander?**

| | | |
|---|---|---|
| 1. die Nummer | 3. die Nahrung | 5. die Nachfrage |
| 2. die Nation | 4. der Nagel | 6. die Nase |

a) der Hammer, b) das Taschentuch, c) der Staat, d) das Angebot, e) das Essen, f) das Telefon

**VI. Was gehört unbedingt zusammen?**

| | | |
|---|---|---|
| 1. nachdenken ........ | 6. im Norden ........ | 11. ein Bad ........... |
| 2. zum Narren ........ | 7. sich die Nase ..... | 12. in Not ............ |
| 3. über Nacht ......... | 8. auf die Nerven ... | 13. in Not ............ |
| 4. von Natur .......... | 9. eine Neuigkeit ... | |
| 5. Nachricht .......... | 10. Nutzen ........... | |

a) putzen, b) haben von, c) über, d) bleiben, e) erfahren, f) gehen, g) halten, h) aus, i) sein, j) von, k) ziehen aus, l) nehmen, m) geraten

### VII. Wie heißen die Substantive?

(Sie beginnen alle mit „N“.)

1. Aus ..... schaute sie durch die Tür, aber sie sah niemanden.
2. In London ist oft dichter ....., so daß man nichts mehr sieht.
3. Angebot und ..... bestimmen die Wirtschaft, heißt es oft.
4. In diesem Laden finden Sie die letzten ..... der Mode.
5. Ich habe den Unfall gesehen. Ich stand ganz in der .....
6. Im Radio kannst du jeden Tag die neuesten ..... hören.
7. Im Meer werden Fische nur mit großen ..... gefangen.
8. Mit einer ..... kann ich unter anderem einen Knopf annähen.
9. Was gibt es .....? Hast du Nachricht von Deinem Freund?
10. Mein Nachbar will alles genau wissen. Er geht mir auf die .....
11. Der Mann, der neben mir wohnt, ist mein .. ......
12. Fleisch, Gemüse und Brot gehören zur ..... des Menschen.
13. Wenn das eigene Leben in Gefahr ist, ist man in .....
14. Wenn Sie ein Bild an die Wand hängen wollen, müssen Sie zuerst mit einem Hammer einen ..... in die Wand schlagen.
15. D.. ...... ist auch eine Zahl. Das ist nichts Neues.

### VIII. Wie heißen die Verben?

(Sie beginnen mit „n“.)

1. Darf ich das Buch .....? Ich möchte nur etwas nachsehen.
2. Na so was! Schon so spät. Dann muß meine Uhr wieder .....
3. Ich kann seinen Namen nicht aussprechen. Wie ..... er sich?
4. Eine Frau, die ihre Kleider selbst ....., spart viel Geld.
5. Geh' bitte einmal ....., ob die Wäsche schon trocken ist!
6. Es ..... nichts! Ohne Fleiß werden Sie nicht viel lernen.
7. Er ist nicht gerade faul, aber er ..... zur Faulheit.

### IX. Wie heißen die Adjektive oder Adverbien? („n“)

1. Es ist ..... von dir, daß du mich mit dem Auto abholst.
2. Wo ist nur mein Autoschlüssel? Ich kann ihn ..... finden.
3. ..... gehen wir baden, aber vorher muß ich noch einkaufen.
4. Seien Sie bitte etwas fleißiger. Sie haben es .....
5. Nein, ..... Sonntag bin ich leider nicht zu Hause.
6. „Wohnt Herr Großmann hier?“ — „Nein, aber gehen Sie einige Schritte weiter zum nächsten Haus; er wohnt .....“
7. So nach und ..... lernen Sie doch erstaunlich viele Wörter.
8. Was praktisch ist und jedem hilft, das ist .....
9. Wenn man ein Bad nehmen will, zieht man sich ..... aus.
10. Die Leute kamen von ..... und fern und blieben über Nacht.
11. Peter fährt nach Amerika? Das ist mir .....! Ist das wahr?
12. Nach 1945 wünschten alle Leute: ..... wieder Krieg!

**X. Vervollständigen Sie bitte die Sätze!**
(Jetzt ist der Buchstabe „N“ keine Hilfe mehr für Sie!)

1. Dänemark liegt ..... von Deutschland. Es ist unser Nachbar.
2. Die Leute kamen ..... nah und fern zu diesem Fest.
3. Ich bin ..... Not. Will mir denn niemand helfen?
4. Seien Sie vorsichtig! Er ist ..... Natur ..... ganz friedlich, nur wenn er wütend wird, ist nichts mehr zu machen.
5. Stör' mich nicht. Ich denke ..... eine wichtige Sache nach.
6. Das ist nicht neu. Er zieht ..... jeder Lage seinen Nutzen.
7. Das kann nicht sein! Haltet mich doch nicht ..... Narren!
8. Gehen Sie nur der Nase ....., dann kommen Sie zum Bahnhof.
9. „Hast du schon Nachricht ..... ihm?“ — „Nein, noch nicht.“
10. „Was gibt ..... Neues?“ — „Nichts, aber auch gar nichts.
11. „Warum hat sie nur den Brief geöffnet?“ — „..... Neugier.“
12. „Hast du jemand gesehen?“ — „Nein, ich habe ..... gesehen.“
13. Ich bleibe ..... Nacht in Berlin. Morgen komme ich zurück.
14. Gestern habe ich eine interessante Neuigkeit .....

So ist es richtig!

I: 1a, 2a, 3a, 4c, 5a, 6b
II: 1a, 2c, 3b
III: 1b, 2b, 3b, 4c
IV: 1 richtig, 2 falsch, 3 falsch, 4 falsch, 5 falsch, 6 richtig (das ist ein Sprichwort!), 7 richtig
V: 1f, 2c, 3e, 4a, 5d, 6b
VI: 1c, 2g, 3d, 4h, 5b, 6j, 7a, 8f, 9e, 10k, 11l, 12i, 13m
VII: 1 Neugier, 2 Nebel, 3 Nachfrage, 4 Neuheiten, 5 Nähe, 6 Nachrichten, 7 Netzen, 8 Nadel, 9 Neues, 10 Nerven, 11 mein Nachbar, 12 Nahrung, 13 Not, 14 Nagel, 15 Die Null
VIII: 1 nehmen, 2 nachgehen, 3 nennt, 4 näht, 5 nachsehen, 6 nützt, 7 neigt
IX: 1 nett, 2 nirgends (nirgendwo), 3 Nachher, 4 nötig, 5 nächsten, 6 nebenan, 7 nach, 8 nützlich, 9 nackt, 10 nah, 11 neu, 12 Nie
X: 1 nördlich, 2 von, 3 in, 4 von ... aus, 5 über, 6 aus, 7 zum, 8 nach, 9 von, 10 es, 11 Aus, 12 niemand (niemanden), 13 über, 14 erfahren (gehört)

Wie viele Fehler haben Sie gemacht?

| | I bis VI | VII bis IX | X | |
|---|---|---|---|---|
| sehr gut | 0— 3 | 0— 3 | 0—1 | Fehler |
| gut | 4— 7 | 4— 6 | 2—3 | Fehler |
| befriedigend | 8—11 | 7— 9 | 4—5 | Fehler |
| bedenklich | 12—18 | 10—17 | 6—7 | Fehler |
| Wiederholung nötig | über 18 | über 17 | über 7 | Fehler |

5—51962/1

# O und P wie: Öfter mal Pause!

*Öfter* mal *Pause* ist *prima.* Und warum so *plötzlich* diese *Politik?* Nun, Sie sind — *offen gestanden* — bis jetzt genau 1230 mal *geprüft* worden und haben deshalb einen *Preis* verdient. Seit ein *paar* Wochen haben Sie Ihre *Pflicht* getan, und *in diesem Punkt* sind wir uns wohl einig: die Arbeit war nicht umsonst.

## I. Wie heißt das Gegenteil?

1. Er fiel ins Wasser und war von *oben*
   a) bis darüber naß.
   b) bis zur Mitte naß.
   c) bis unten naß.

2. Die Geschäfte *öffnen* um 8
   a) und schließen um 7 Uhr.
   b) und schießen um 7 Uhr.
   c) und beschließen um 7 Uhr.

## II. Welches Wort ist gleich oder ähnlich?

1. Die *Produkte* der Industrie sind nicht immer gut.
   a) Erzählungen
   b) Erzeugnisse
   c) Erzeugungen

2. Was ist *passiert?*
   a) geschickt
   b) geschehen
   c) verhaftet

3. Dieser Mantel *paßt* gut.
   a) steht
   b) geht
   c) sitzt

4. Jeder Mensch hat einen *Paß*
   a) oder eine Auskunft.
   b) oder eine Aussicht.
   c) oder einen Ausweis.

## III. Welche Fortsetzung ist richtig?

1. Ich habe eine Panne
   a) und kann jetzt braten.
   b) und kann nicht mehr fahren.
   c) und kann jetzt backen.

2. Sie bekommen die Uhr um keinen Preis;
   a) sie kostet nicht viel.
   b) ich gebe sie Ihnen nie.
   c) sie hat noch keinen Preis.

3. Das ist sein wunder Punkt,
   a) damit muß er zum Arzt.
   b) der sehr weh tut.
   c) da weiß er nicht viel.

**IV. Ist das wirklich richtig?**

| | | |
|---|---|---|
| 1. Ein Pult ist ein Stuhl. | ◯ falsch | ◯ richtig |
| 2. Der Bauer pflügt das Feld. | ◯ | ◯ |
| 3. Ein Maler braucht einen Pinsel. | ◯ | ◯ |
| 4. Obst wird gepflückt. | ◯ | ◯ |
| 5. Ein Opfer ist ein Angebot. | ◯ | ◯ |
| 6. Die Tür ist öffentlich, nicht geschlossen. | ◯ | ◯ |
| 7. Ohren sind aus Gold. | ◯ | ◯ |
| 8. In Parks darf man parken. | ◯ | ◯ |

**V. Welche Wörter passen inhaltlich zueinander?**

| | | |
|---|---|---|
| 1. die Presse | 3. das Pfund | 5. die Phantasie |
| 2. Ostern | 4. die Pfeife | 6. die Pflanze |

a) der Tabak, b) die Blume, c) das Fest, d) die Zeitung, e) das Gewicht, f) die Idee

**VI. Was gehört unbedingt zusammen?**

| | | |
|---|---|---|
| 1. Partei ............. | 5. einen Preis ......... | 9. über Politik ...... |
| 2. einen Kranken .... | 6. einen Plan ......... | 10. Pfeife ............ |
| 3. ein Opfer ........... | 7. einen Plan ......... | 11. zum Opfer ....... |
| 4. in Ordnung ........ | 8. Platz ............. | |

a) rauchen, b) gewinnen, c) entwerfen (ausführen), d) pflegen, e) ausführen (entwerfen), f) machen für, g) bringen, h) fallen, i) bringen, j) ergreifen, k) sprechen

Hier konnte Ihnen Ihre *Phantasie* nicht helfen; *ein paarmal* vielleicht, aber nicht immer. So ist das auch bei den nächsten Übungen. Verlassen Sie sich nicht auf Ihre *Phantasie oder* Ihr Glück, sondern auf Ihr Gedächtnis, das Sie ja schon gut geübt haben.

**VII. Wie heißen die Substantive?**
(Sie beginnen alle mit „O“ oder „P“.)

1. Der Reifen von meinem vorderen Rad ist geplatzt, und wegen dieser ..... kann ich erst morgen in Hamburg sein.
2. In der ..... erfuhr man erst viel später, daß man in der Hauptstadt den Präsidenten verhaftet hatte.
3. Zwei Drittel der ..... der Erde ist von Wasser bedeckt.
4. D... ..... in der Halle fand Vergnügen an seinen Späßen.
5. Äpfel, Birnen und Apfelsinen bezeichnet man als .....
6. Er kann d... ..... nicht lösen, obwohl er sich Mühe gibt.

7. In den Städten gibt es viel zu wenig ....., wo man einmal in Ruhe spazierengehen und frische Luft atmen kann.
8. Auf einem Herd kocht man, und mit einem ..... heizt man.
9. Mit meinen eigenen ..... habe ich gehört, daß er kommt.
10. Er hat ein... blühende ..... und immer die tollsten Ideen.
11. D... ..... gelang; bald kommt er aus dem Krankenhaus.
12. Dein Zimmer ist ja wieder nicht aufgeräumt. Bevor du jetzt weggehst, bringt du es erst einmal in .....
13. Ein Kilogramm Brot, also zwei ....., bekamen Sie vor dem ersten Weltkrieg noch zum Preise von etwa 40 Pfennig.
14. Sie hat sich zu Ostern ein... ..... neue Schuhe gekauft.
15. Tun Sie Ihre ....., und melden Sie sich auf der Polizei!
16. Früher pflügte man oft mit 2 Ochsen vor dem .....

## VIII. Wie heißen die Verben?

(Sie beginnen mit „o“ oder „p“.)

1. ..... alles so, daß ich später auch finde, was ich suche!
2. Kinder ..... gern Blumen, um sie ihrer Mutter zu schenken.
3. Eine verschlossene Tür kann man ohne Schlüssel nicht .....
4. „Was ist .....?“ — „Ach, nichts; es ist alles in Ordnung.“
5. Das Volkswagenwerk ..... mehrere hundert Wagen pro Tag.
6. Morgen reise ich ab; ich muß noch schnell die Koffer .....
7. Bevor du eine Ware kaufst, mußt du sie genau .....
8. An einer Straßenecke darf man sein Auto nicht .....
9. Jeder sollte regelmäßig morgens und abends die Zähne .....
10. Der Mantel ..... mir; so kaufte ich ihn an Ort und Stelle.

## IX. Wie heißen die Adjektive oder Adverbien?

(„o“ oder „p“)

1. Eine Ölheizung ist .....; man dreht den Knopf: es wird warm.
2. Das geht Sie nichts an! Das ist meine ganz ..... Angelegenheit.
3. „Kannst du meinen Paß abholen?“ — „Das mußt du ..... tun.“
4. Er kommt selten zu spät. Er ist immer sehr .....
5. Sie ist ein ..... Mädchen. Ihr Zimmer ist immer in Ordnung.
6. Ich ging ruhig spazieren. ..... rief jemand um Hilfe.
7. Das ist eine ..... Bekanntmachung; alle sollen sie kennen.

## X. Vervollständigen Sie bitte die Sätze!

(Nun sind die Buchstaben „O“ und „P“ keine Hilfe mehr für Sie!)

1. „Hat er seine Prüfung .....?“ — „Ja, vor ein paar Tagen.“
2. Oben ..... dem Berg steht das Haus meines Onkels.
3. Ich habe falsch geparkt und muß mich nun ..... ..... Polizei melden. Dort wollen sie meinen Führerschein prüfen.

4. Die Polizisten beobachteten die Versammlung ..... Pferde.
5. Ich habe das Buch zum Preis ..... 40 Mark gekauft.
6. Er hat den Plan nicht nur entworfen, sondern auch .....
7. Im Leben muß jeder einmal ein Opfer .....
8. Merke dir: Deutschland liegt östlich ..... Frankreich.
9. Ich für meine Person hüte mich, ..... Politik zu sprechen.
10. Das ist ein ... schönes ..... Schuhe; sie passen mir auch.
11. Vor ein ..... Tagen habe ich ihn noch im Büro gesprochen.
12. Die ..... Partei stellt die Regierung und den Präsidenten.
13. Diese Zeit paßt ..... gut, denn dann habe ich frei.
14. Putz dein Auto; es ist von oben ..... unten schmutzig.

So ist es richtig!

I: 1c, 2a
II: 1b, 2b, 3c, 4c
III: 1b, 2b, 3c
IV: 1 falsch, 2 richtig, 3 richtig, 4 richtig, 5 falsch, 6 falsch, 7 falsch, 8 falsch
V: 1d, 2c, 3e, 4a, 5f, 6b
VI: 1j, 2d, 3g, 4i, 5b, 6c, 7e, 8f, 9k, 10a, 11h
VII: 1 Panne, 2 Öffentlichkeit, Presse, 3 Oberfläche, 4 Das Publikum, 5 Obst, 6 das Problem, 7 Parks, 8 Ofen, 9 Ohren, 10 eine ... Phantasie, 11 Die Operation, 12 Ordnung, 13 Pfund, 14 ein Paar, 15 Pflicht, 16 Pflug
VIII: 1 Ordne, 2 pflücken, 3 öffnen, 4 passiert, 5 produziert, 6 packen, 7 prüfen, 8 parken, 9 putzen, 10 paßte
IX: 1 praktisch (prima), 2 private, 3 persönlich, 4 pünktlich, 5 ordentliches, 6 Plötzlich, 7 öffentliche
X: 1 gemacht (bestanden), 2 auf, 3 auf (bei) der, 4 zu, 5 von, 6 ausgeführt, 7 bringen, 8 von, 9 über, 10 ein ... Paar, 11 paar, 12 führende (stärkste, größte), 13 mir, 14 bis

Wie viele Fehler haben Sie gemacht?

| | I bis VI | VII bis IX | X | |
|---|---|---|---|---|
| sehr gut | 0— 3 | 0— 3 | 0 | Fehler |
| gut | 4— 7 | 4— 6 | 1 | Fehler |
| befriedigend | 8—10 | 7—10 | 2—3 | Fehler |
| bedenklich | 11—17 | 11—16 | 4—7 | Fehler |
| Wiederholung nötig | über 17 | über 16 | über 7 | Fehler |

Öfter mal Pause hieß der letzte Teil, und darum wollen wir tatsächlich eine kleine Pause machen und uns einmal ansehen, was Sie in den letzten Wochen geleistet haben und ob Sie mit dem Ergebnis zufrieden sein dürfen. Machen Sie es ruhig zum Spaß!

| | | | |
|---|---|---|---|
| Buchstabe „A“ | I—VI ..... | VII—IX ..... | X ..... |
| Buchstabe „B“ | I—VI ..... | VII—IX ..... | X ..... |
| Buchstabe „D“ | I—VI ..... | VII—IX ..... | X ..... |
| Buchstabe „E“ | I—VI ..... | VII—IX ..... | X ..... |
| Buchstabe „F“ | I—VI ..... | VII—IX ..... | X ..... |
| Buchstabe „G“ | I—VI ..... | VII—IX ..... | X ..... |
| Buchstabe „H“ | I—VI ..... | VII—IX ..... | X ..... |
| Buchstaben „I + J“ | | ..... | |
| Buchstabe „K“ | I—VI ..... | VII—IX ..... | X ..... |
| Buchstabe „L“ | I—VI ..... | VII—IX ..... | X ..... |
| Buchstabe „M“ | I—VI ..... | VII—IX ..... | X ..... |
| Buchstabe „N“ | I—VI ..... | VII—IX ..... | X ..... |
| Buchstaben „O + P“ | I—VI ..... | VII—IX ..... | X ..... |

Sehen Sie, jetzt wissen Sie genau, wo und wie Sie stehen. Natürlich dürfen Sie nie vergessen, daß es schon ein großer Erfolg ist, wenn Ihre Ergebnisse immer gleich bleiben. Denken Sie auch daran, daß Sie inzwischen immer weniger Zeit für eine Übung brauchen. Das ist auch ein Zeichen für Ihren Fortschritt.

Wenn die Ergebnisse der Gruppe I—VI gut sind, dann ist Ihr Sprachverständnis entwickelt.

Wichtiger ist aber die Gruppe VII—IX. Hier dürfen Sie nicht zufrieden sein, wenn Sie mehr als fünfmal ein bedenkliches Ergebnis hatten. Sie können dann nämlich nicht genügend Wörter auswendig, und wie wollen Sie Deutsch sprechen ohne genügend Wörter?

Die Gruppe X zeigt Ihnen ganz deutlich, ob Sie grammatisch richtig sprechen. Hier dürfen Sie nur mit guten Ergebnissen zufrieden sein.

## R wie Richtig

Jetzt hat es keinen Sinn mehr, über die Ergebnisse zu *reden.* Sie brauchen auch niemanden *um Rat* zu *fragen.* Bereiten Sie sich nur sorgfältig und *regelmäßig* auf die Übungen vor, *das reicht!*

### I. Wie heißt das Gegenteil?

1. Er rechnet *rasch.*
   a) Ich kann es nur ledig.
   b) Ich kann es nur langsam.
   c) Ich kann es nur leise.

2. Peter hat *recht*
   a) und Paul unrecht.
   b) und Paul falsch.
   c) und Paul links.

3. Die Leute sagen: *Reden* ist Silber,
   a) Stimmen ist Gold.
   b) Lügen ist Gold.
   c) Schweigen ist Gold.

4. Jede *Regel* hat
   a) ein Erwarten.
   b) eine Ausnahme.
   c) ein Gesetz.

5. Wer viel Geld hat, ist *reich.*
   a) Wer wenig hat, ist arm.
   b) Wer wenig hat, ist gesund.
   c) Wer wenig hat, ist gerecht.

6. Heute morgen war Inges Kleid noch *rein,*
   a) jetzt ist es schmutzig.
   b) jetzt ist es schlecht.
   c) jetzt ist es nett.

### II. Welches Wort ist gleich oder ähnlich?

1. Er ist ein *rascher* Denker.
   a) lebendiger
   b) schneller
   c) klarer

2. Nun ist alles wieder *rein.*
   a) sauber
   b) klar
   c) nett

3. *Rühren* Sie sich nicht!
   a) Wecken
   b) Bewegen
   c) Berühren

4. Er kam *zur rechten Zeit.*
   a) genau
   b) günstig
   c) rechtzeitig

## III. Welche Fortsetzung ist richtig?

1. Es regnet in Strömen; d.h. a) es regnet weniger.
   b) es gießt.
   c) es gießt nicht.
2. Er wird rot, a) weil er malt.
   b) weil er gelogen hat.
   c) weil er weint.
3. Er machte reinen Tisch; d.h. a) er reinigte den Tisch.
   b) er erklärte alles.
   c) er holte den Tisch rein.

## IV. Ist das wirklich richtig?

| | falsch | richtig |
|---|---|---|
| 1. Einen guten Rat können Sie befolgen. | ○ | ○ |
| 2. Wenn man sich regt, regnet es. | ○ | ○ |
| 3. Wer rennt, hat es wohl eilig. | ○ | ○ |
| 4. Der Ruhm ist ein Getränk. | ○ | ○ |
| 5. Ein Polizist regelt den Verkehr. | ○ | ○ |
| 6. Zum Abschied reicht man sich die Hände. | ○ | ○ |

## V. Welche Wörter passen inhaltlich zueinander?

1. rund
2. das Rätsel
3. die Rose
4. reiten
5. die Rakete
6. das Rind
7. sich regen
8. die Rolle

a) das Theater, b) die Blume, c) raten, d) der Kreis, e) die Kuh, f) sich bewegen, g) das Pferd, h) der Raumflug

## VI. Was gehört unbedingt zusammen?

1. in Reparatur ......
2. einen guten Rat ...
3. rechts .............
4. reinen Tisch .......
5. eine Rakete ........
6. mit jemandem .....
7. Radio ..............
8. über etwas .........
9. die Ruhe .........
10. um Rat ...........
11. bei Rot ..........
12. reparieren .......

a) fragen, b) halten, c) abschießen, d) reden, e) abbiegen (halten), f) machen, g) geben, h) lassen, i) hören, j) reden, k) geben, l) bewahren

*Das war* doch alles *nicht der Rede wert,* sagen Sie *mit Recht.* Sie brauchten niemanden *um Rat* zu *fragen* und haben auch kein einziges Mal *geraten.* Sie haben einfach *der Reihe nach* die *richtigen* Antworten gegeben. Oder etwa nicht?

**VII. Wie heißen die Substantive?**
(Sie beginnen alle mit „R“.)

1. Ich bringe meinen Rock zur ....., damit er sauber wird.
2. Wegen dieser Panne mußte ich meinen Wagen in ..... geben.
3. Die Amerikaner schießen wieder ein ... ..... ins All.
4. Verheiratete Leute tragen in der Regel rechts einen .....
5. Der Politiker hält ein ... ..... über die Lage der Nation.
6. Ja, du hast recht. Ich werde deinen ..... befolgen.
7. Besonders im Winter müssen die ..... beim Auto gut sein.
8. Im Nichtraucherabteil steht in der Regel: ..... verboten!
9. Er hat d ... beste ..... in diesem Theaterstück bekommen.
10. Hüte Dich vor Regeln; jede ... ..... hat eine Ausnahme!
11. Wenn ich reise, lese ich nicht gerne Gedichte, lieber .....
12. Oft geschieht es, daß ich gerade dann meinen ..... vergessen habe, wenn es anfängt, in Strömen zu regnen.

**VIII. Wie heißen die Verben?**
(Sie beginnen mit „r“.)

1. Alles schlief ruhig, als plötzlich jemand um Hilfe .....
2. Es ist gesund, wenn man nach dem Mittagessen etwas .....
3. Mein älterer Bruder muß sich schon jeden Morgen .....
4. Er ..... hinter dem Radfahrer her und rief: Haltet den Dieb!
5. Ich muß meinen Anzug einmal ..... lassen. Er ist schmutzig.
6. Jährlich ..... Millionen Menschen zum Urlaub ins Ausland.
7. Ich saß schon einmal auf einem Pferd, aber ..... kann ich nicht.
8. Wenn man getankt hat, ..... es im Auto immer nach Benzin.
9. Warum mußt Du mit ihm immer über Politik .....?
10. Das Kind fiel ins Wasser; er sprang hinterher, um es zu .....
11. „..... mal, wie alt ich bin!“ — „32 Jahre. Habe ich recht?“
12. Manchmal ..... Polizisten den Verkehr auf Kreuzungen.
13. Am Mittagstisch: ..... Sie mir bitte das Salz herüber!

**IX. Wie heißen die Adjektive und Adverbien?** („r“)

1. Ich bin gleich fertig. Ich muß mich nur ..... noch rasieren.
2. Wenn er mit einem jungen Mädchen redet, wird er immer .....
3. Du hast .....! Wir hätten vorhin rechts abbiegen sollen!
4. Auf meine Uhr kann ich mich verlassen. Sie geht immer .....
5. Die meisten Leute schreiben mit der ..... Hand.
6. Das Fleisch muß noch etwas braten. Innen ist es noch .....
7. Richte dich danach: in Deutschland mußt du ..... fahren!
8. Raketen fliegen heute in einer Stunde ..... um die Erde.
9. Erst im August werden in Deutschland die ersten Äpfel .....

**X. Vervollständigen Sie bitte die Sätze!**
(Der Buchstabe „R“ hilft Ihnen jetzt nicht mehr.)

1. Bitte rufen Sie mich, wenn ich ..... ... Reihe bin.
2. Das hat wenig Bedeutung. Es ist nicht ..... ..... wert.
3. Höre nur ..... sein ... Rat, er meint es gut mit dir.
4. Es regnet ..... Strömen. Wir können heute nicht radfahren.
5. Ich möchte schlafen, stell' also bitte das Radio .....!
6. Meinen Wagen habe ich ..... Reparatur geben müssen.
7. Ich werde seinen Rat .....; er hat mehr Erfahrung als ich.
8. Es ist ..... ein Rätsel, warum du in diese Richtung fährst!
9. Er kam gerade ..... recht ... Zeit, um das Kind zu retten.
10. Alle verloren die Nerven. Nur Herr Starke ..... die Ruhe.

So ist es richtig!

I: 1b, 2a, 3c, 4b, 5a, 6a
II: 1b, 2a, 3b, 4c
III: 1b, 2b, 3b
IV: 1 richtig, 2 falsch, 3 richtig, 4 falsch, 5 richtig, 6 richtig
V: 1d, 2c, 3b, 4g, 5h, 6e, 7f, 8a
VI: 1g, 2k, 3e, 4f, 5c, 6d, 7i, 8j, 9l, 10a, 11b, 12h
VII: 1 Reinigung, 2 Reparatur, 3 eine Rakete, 4 Ring, 5 eine Rede, 6 Rat, 7 Reifen, 8 Rauchen, 9 die ... Rolle, 10 jede Regel, 11 Romane, 12 Regenschirm (Regenmantel)
VIII: 1 rief, 2 ruht, 3 rasieren, 4 rannte, 5 reinigen, 6 reisen, 7 reiten, 8 riecht, 9 reden, 10 retten, 11 Rate, 12 regeln, 13 Reichen
IX: 1 rasch, 2 rot, 3 recht, 4 richtig, 5 rechten, 6 roh (rot), 7 rechts, 8 rund, 9 reif
X: 1 an der, 2 der Rede, 3 auf seinen, 4 in, 5 ab, 6 in, 7 befolgen, 8 mir, 9 zur rechten, 10 bewahrte

Wie viele Fehler haben Sie gemacht?

| | I bis VI | VII bis IX | X | |
|---|---|---|---|---|
| sehr gut | 0— 3 | 0— 3 | 1 | Fehler |
| gut | 4— 8 | 4— 6 | 2 | Fehler |
| befriedigend | 9—11 | 7—10 | 3 | Fehler |
| bedenklich | 12—19 | 11—17 | 4—5 | Fehler |
| Wiederholung nötig | über 19 | über 17 | über 5 | Fehler |

# S wie Schlag auf Schlag

Diese Übungen sind *eine Sache für sich. Sie* dürfen nur beginnen, wenn *Sie sich* auch wirklich gut vorbereitet haben, *sonst geraten Sie in Schwierigkeiten. Es ist* ja *selbstverständlich, daß* Ihnen niemand hilft. *Es hat* aber auch *keinen Sinn, den Mut sinken* zu *lassen.*

**I. Wie heißt das Gegenteil?**

| | |
|---|---|
| 1. Die Leute sagen: Wer *sucht,* | a) der fordert.<br>b) der findet.<br>c) der flickt. |
| 2. Die Preise steigen ständig; selten geschieht es, | a) daß sie fallen.<br>b) daß sie fällen.<br>c) daß sie fahren. |
| 3. Diebe kriegen ihre *Strafe.* Ein ehrlicher Finder | a) bekommt eine Belohnung.<br>b) bekommt eine Erlaubnis.<br>c) bekommt eine Fahne. |
| 4. Am Tage *steigt* das Thermometer. | a) In der Nacht klettert es.<br>b) In der Nacht fällt es.<br>c) In der Nacht flieht es. |
| 5. Beim *Start* war er der letzte, | a) aber an der Zeile der erste.<br>b) aber an der Zone der erste.<br>c) aber am Ziel der erste. |
| 6. Dieser *starke* Mann wird | a) wach, wenn er Blut sieht.<br>b) schwach, wenn er Blut sieht.<br>c) scharf, wenn er Blut sieht. |
| 7. Das ist kein *Spaß!* | a) Das ist Sport!<br>b) Das ist Spiel!<br>c) Das ist Ernst! |
| 8. „Vereint sind auch die *Schwachen* | a) stark!“<br>b) fertig!“<br>c) vollkommen!“ |
| 9. Du armes Kind, ist es so *schlimm?* | a) Bald ist es wieder böse.<br>b) Bald ist es wieder schlecht.<br>c) Bald ist es wieder gut. |

Jetzt ist nicht die richtige Zeit, *ein Schläfchen* zu *machen.* Machen *Sie so schnell wie möglich* weiter, damit *Sie* bald *an der Spitze stehen! Sie sind* imstande dazu und *sollten sich glücklich schätzen,* daß *Sie* es bald *geschafft* haben.

## II. Welches Wort ist gleich oder ähnlich?

1. Ich werde den Brief mit der Post *schicken*.
   a) empfangen
   b) schieben
   c) senden

2. Das ist aber *schlimm!*
   a) schlecht
   b) schlank
   c) schmal

3. *Schließlich* erzählte er doch alles.
   a) Beinahe
   b) Endlich
   c) Folglich

4. Die Straßen sind dort sehr *schmal*.
   a) breit
   b) eng
   c) nahe

5. Danke, ich habe *schon* gegessen.
   a) bereits
   b) bereit
   c) beinahe

6. Er kommt *sicher*.
   a) selten
   b) gewöhnlich
   c) gewiß

7. Sie hat mir *stets* geholfen.
   a) selten
   b) immer
   c) manchmal

8. Heute bin ich in guter *Stimmung*.
   a) Stimme
   b) Laune
   c) Stille

9. Er *stürzte* die Treppe hinunter.
   a) viel
   b) stieg
   c) fiel

*Lassen Sie sich nicht stören! Wie die Dinge stehen, sollten Sie alles daran setzen,* die ersten *sechs* Übungen fertig zu machen.

## III. Welche Fortsetzung ist richtig?

1. Das ist eine Sache für sich
   a) und gehört nicht hierher.
   b) und gehört meinem Freund.
   c) und gehört deshalb dir.

2. Ich habe es satt
   a) und kann nicht mehr essen.
   b) und habe keinen Hunger mehr.
   c) und will nichts mehr hören.

3. Sie begleiteten ihn auf Schritt und Tritt, denn
   a) sie zählten seine Schritte.
   b) sie verfolgten ihn.
   c) sie gaben ihm Fußtritte.

4. Er hat eine Schwäche für Mozarts Musik, denn
   a) er versteht nichts davon.
   b) er ist zu schwach dafür.
   c) er hat sie besonders gern.

*Macht es* heute keinen *Spaß? Setzen Sie* dennoch *alles daran,* fertig zu werden. *Es hat keinen Sinn, schon jetzt Schluß* zu *machen.*

## IV. Ist das wirklich richtig?

| | falsch | richtig |
|---|---|---|
| 1. Saft kann man trinken. | ○ | ○ |
| 2. Schafe geben Wolle. | ○ | ○ |
| 3. Mit einer Schere schneidet man Haare. | ○ | ○ |
| 4. In einer Schlacht werden Menschen getötet. | ○ | ○ |
| 5. Der Mensch hat fünf Sinne. | ○ | ○ |
| 6. Eine Sitzung ist kein Sessel. | ○ | ○ |
| 7. Ein Stab ist auch ein Stock. | ○ | ○ |
| 8. Die Polizei findet nicht immer Spuren. | ○ | ○ |

*Machen Sie sich keine Sorgen!* Andere *haben* auch *Schwierigkeiten.*

## V. Welche Wörter passen inhaltlich zueinander?

1. der Stoff
2. der Sturm
3. der Sand
4. der Stamm
5. die Schüssel
6. die Schlacht
7. die Stufe
8. das Segel
9. die Socken
10. die Szene
11. die Schnur
12. der Stern
13. der Stahl

a) der Himmel, b) der Bindfaden, c) das Theater, d) die Füße, e) die Treppe, f) der Wind, g) das Schiff, h) der Baum, i) die Wolle, j) die Wüste, k) der Soldat, l) das Eisen, m) die Suppe

## VI. Was gehört unbedingt zusammen?

Verben + Präpositionen

1. schießen ...........
2. schützen ...........
3. schweigen .........
4. sich sorgen ........
5. staunen ...........
6. streben ...........

a) von, b) über, c) vor, d) um, e) nach, f) auf

Adjektive + Präpositionen

7. streng (sein) .......
8. stolz (sein) .........
9. sicher (sein) .......

g) auf, h) gegen, i) vor

Nomen + Verben

| | | |
|---|---|---|
| 10. Schaden ....... | 14. eine Rolle ........ | 18. Schritte ............. |
| 11. Sport ........... | 15. in Gang .......... | 19. in Schwierigkeiten .. |
| 12. eine Stelle ..... | 16. in den Schatten . | 20. einen Vertrag ....... |
| 13. den Schein .... | 17. vor Gebrauch ... | |

j) wahren, k) schütteln, l) geraten, m) erleiden, n) schließen, o) treiben, p) unternehmen, q) suchen, r) spielen, s) stellen, t) setzen

Nomen + Verben + Präpositionen

| | | |
|---|---|---|
| 21. Dank sagen .... | 23. Schluß machen . | 25. eine Schwäche haben |
| 22. Schatten werfen | 24. Schritt halten ... | 26. Streit anfangen ..... |

u) mit, v) für, w) für, x) mit, y) mit, z) auf

Haben *Sie* jetzt Kopfschmerzen? *Sie haben es* jedenfalls *geschafft*, und ich glaube kaum, daß *Sie* dabei *Schaden erlitten* haben. Im Gegenteil!

**VII. Wie heißen die Substantive?**
(Sie beginnen alle mit „S".)

1. Die starken Stürme im Herbst richten großen ..... an.
2. Auch wenn dir die ganze Sache nicht gefällt, solltest du wenigstens den ..... wahren und dich bedanken.
3. Streichhölzer und Zigaretten packt man meistens in .....
4. Mir scheint, gute moderne Musik ist noch zu wenig bekannt. Ich schätze sie und habe ein ... besondere ..... für Bartók.
5. Statt mit Geld können Sie auch mit einem ..... bezahlen.
6. Wenn du länger leben willst, mußt du ..... treiben.
7. In der Mittagssonne ist d... ..... jedes Gegenstandes klein.
8. Kohlen, Kartoffeln und Getreide füllt man oft in .....
9. Wenn Sie Papier schneiden wollen, nehmen Sie ein... .....
10. Weil er kein Geld mehr hatte, ist er in ..... geraten.
11. Es ist besser, den Krieg zu gewinnen als nur ein... .....
12. Jeder Mensch braucht täglich mindestens fünf Stunden .....
13. In manchen Gegenden liegt im Winter d... ..... meterhoch.
14. Als er das Kind schlagen wollte, suchte es bei uns .....
15. Schlucken Sie ein heißes Getränk nicht auf einmal hinunter. Seien Sie vorsichtig und nehmen Sie immer nur einen .....
16. Wenn man sich erkältet hat, hat man oft auch einen .....
17. Wir wollen unser Ziel schnell erreichen. Kommen wir zur .....!
18. Wenn man sich Geld leihen muß, macht man .....
19. Bringen Sie Ihr Geld ruhig zur Bank, dort ist es in .....

20. Der Hund wedelt mit dem ....., wenn er sich freut.
21. Er ist immer mit Leib und ..... bei seiner Arbeit.
22. Jeden Morgen wasche ich mich mit Wasser und .....
23. Es ist niemand verletzt, mach' dir keine .....
24. Im Schnee sieht man die ..... der Tiere ganz deutlich.
25. Ich möchte gerne mehr Geld verdienen. Das ist in meiner Firma schwierig; also werde ich mir ein ... neue ..... suchen.
26. Bei dem Unfall wurden drei Personen verletzt; sie wurden von einem Arzt sofort an Ort und ..... behandelt.
27. Es macht mir großen ....., mit Kindern zu spielen.
28. Ich stehe auf dem ....., daß Sprachen lernen nützlich ist.
29. Ich vertrete den ....., daß Krieg kein Mittel der Politik ist.

## VIII. Wie heißen die Verben?

(Sie beginnen mit „s".)

1. Es gelingt mir nicht, diese Maschine in Betrieb zu .....
2. Ich ..... mich glücklich, Sie getroffen zu haben.
3. Es hat keinen Sinn, mit mir über die Sache zu sprechen. ..... Sie sich bitte mit meinem Chef in Verbindung.
4. Wenn der Motor stehenbleibt, muß man das Auto .....
5. Die beiden Staaten wollen miteinander einen Vertrag .....
6. Vor einer Kurve mußt du auf einen anderen Gang .....
7. Mein Freund ..... Briefmarken. Schenk' ihm doch einige.
8. Dieser Fußballspieler ..... fast in jedem Spiel ein Tor.
9. Sie sollten Ihren Schülern schwierigere Aufgaben ....., damit sie in der Schule auch wirklich etwas lernen.
10. Manchmal ist es schwierig, einen Nagel in die Wand zu .....
11. Rauchen ..... der Gesundheit; das ist seit langem bewiesen.
12. „Der Film gefiel dir nicht? Nun, darüber kann man ....."
13. Mir ..... es nur, wenn das Essen wirklich gut ist.
14. „Die Wunde ....." — „Das ist nicht schlimm; das vergeht."
15. Es ist schrecklich; mein Töchterchen wollte doch gestern einen wichtigen Brief mit der Schere in Stücke .....
16. Als der Arzt die Wunde nähte, ..... ich vor Schmerzen.
17. Ich bekomme morgen Geld; dann bezahle ich alle meine Schulden. Auch du kriegst die hundert Mark, die ich dir noch .....
18. Vor Kälte kann ich mich leichter ..... als vor Wärme.
19. Dieses Kleid sollten Sie kaufen; es ..... Ihnen gut!
20. Im Süden war es ziemlich heiß und ich habe sehr ..... müssen.
21. Lassen Sie den Mut nicht ..... Bald wird es wieder besser.
22. „Ist der Chef hier?" — „Es ..... so, da steht sein Auto."
23. Das Volk sagt: ..... in der Zeit, so hast du in der Not.
24. Ich ..... Geige. Spielst Du auch ein Instrument?
25. Früher oder später wirst du es merken: Wer ....., der findet.

26. Lassen Sie sich nicht ....., ich gehe gleich wieder weg.
27. ..... dich bitte wegen meines Besuches nicht in Unkosten.
28. Schützen Sie sich gegen Diebe; sie ..... Ihnen Ihr Geld!
29. Herr Klein wünscht Sie zu ..... Soll er hereinkommen?
30. Die meisten Menschen ..... nach Geld statt nach Glück.

## IX. Wie heißen die Adjektive oder Adverbien? („s")

1. Zuerst wollte er nichts sagen, aber ..... erzählte er doch alles.
2. Schenken Sie Kindern Schokolade; sie lieben ..... Sachen.
3. Er arbeitet immer ..... und macht deshalb wenig Fehler.
4. Diese Schallplatte kenne ich. Was gibt es ..... noch Neues?
5. Mein Vater war sehr ..... Nie hat er mir etwas erlaubt.
6. Danke, ich möchte nichts mehr essen. Ich bin .....
7. Eine Nadel ist natürlich ....., man kann sich damit stechen.
8. Das war ein ..... Punkt. Aber wir haben uns doch geeinigt.
9. Das ist ein ..... Stück! Wie kannst du so etwas sagen!
10. Mein Freund hat mir erzählt, daß ihr keinen Erfolg hattet. Die Sache soll ein ..... Ende genommen haben. Stimmt das?
11. Das Buch ist ..... erschienen und jedermann spricht davon.
12. Wenn man bezahlen will, fragt man: Was bin ich .....?
13. Sei endlich ....., ich will in Ruhe die Schallplatte hören.
14. Auf Seite 85 sehen Sie ..... auf weiß, ob Sie gut gelernt haben.

## X. Vervollständigen Sie bitte die Sätze!

(Nun ist der Buchstabe „S" keine Hilfe mehr für Sie!)

1. Er ..... oft krank zu sein. Man sieht ihn sehr selten.
2. Das gehört nicht ..... Sache. Darüber sprechen wir später.
3. Ich staune; er ist mit Leib und Seele ..... d... Arbeit.
4. Als der Unfall passierte, war sofort ein Arzt ..... Stelle.
5. Warum schwimmen Sie ..... den Strom? Stimmen Sie doch dafür!
6. Ich konnte nicht zahlen und bin in Schwierigkeiten .....
7. Das ist eine Sache für ..... und gehört nicht hierher.
8. Amerika hat mit der Sowjetunion wieder einen Vertrag .....
9. Sei vernünftig und mach endlich Schluß ..... diesem Unsinn!
10. Er schrie ..... Schmerz, als er schwer verletzt wurde.
11. Ich habe ..... satt, stets die schmutzige Arbeit zu machen.
12. Obwohl ich sehr schnell ging, hielt er Schritt ..... mir.
13. Diese Medizin müssen Sie ..... Gebrauch schütteln.
14. Wenn Milch lange in der Sonne steht, wird sie .....
15. Der Hund ..... mit dem Schwanz, wenn er sich freut.
16. Sei fleißig, sonst stellt er dich ..... d... Schatten.
17. Ich habe eine Schwäche ..... gute moderne Musik.
18. Das versteht sich ..... selbst; das ist selbstverständlich.

19. Die Sitzung ist jetzt vorbereitet. Was gibt es sonst .....?
20. Die Polizei kam dem Dieb schnell ..... d... Spur.
21. Stürz' dich doch meinetwegen nicht ..... Unkosten.
22. Die Polizei war sofort nach dem Unfall an ..... und Stelle.
23. Bei der letzten Wahl haben viele Leute ihre Stimme nicht .....
24. Es regnete ..... Strömen, als wir das Schloß besuchten.
25. Ich stehe ..... d... Standpunkt, daß es keinen Sinn hat, so lange zu arbeiten. Also machen Sie jetzt Schluß!

So ist es richtig!

I: 1b, 2a, 3a, 4b, 5c, 6b, 7c, 8a, 9c
II: 1c, 2a, 3b, 4b, 5a, 6c, 7b, 8b, 9c
III: 1a, 2c, 3b, 4c
IV: 1—8 alle richtig
V: 1i, 2f, 3j, 4h, 5m, 6k, 7e, 8g, 9d, 10c, 11b, 12a, 13l
VI: 1f, 2c, 3a, 4d, 5b, 6e, 7h, 8g, 9i, 10m, 11o, 12q, 13j, 14r, 15t, 16s, 17k, 18p, 19l, 20n, 21v, 22z, 23u, 24y, 25w, 26x
VII: 1 Schaden, 2 Schein, 3 Schachteln, 4 eine ... Schwäche, 5 Scheck, 6 Sport, 7 der Schatten, 8 Säcke, 9 eine Schere, 10 Schwierigkeiten, 11 eine Schlacht, 12 Schlaf, 13 der Schnee, 14 Schutz, 15 Schluck, 16 Schnupfen, 17 Sache, 18 Schulden, 19 Sicherheit, 20 Schwanz, 21 Seele, 22 Seife, 23 Sorgen, 24 Spuren, 25 eine ... Stellung, 26 Stelle, 27 Spaß, 28 Standpunkt, 29 Standpunkt
VIII: 1 setzen, 2 schätze, 3 Setzen, 4 schieben, 5 schließen, 6 schalten, 7 sammelt, 8 schließt, 9 stellen, 10 schlagen, 11 schadet, 12 streiten, 13 schmeckt, 14 schmerzt, 15 schneiden, 16 schrie, 17 schulde, 18 schützen, 19 steht, 20 schwitzen, 21 sinken, 22 scheint, 23 Spare, 24 spiele, 25 sucht, 26 stören, 27 Stürze, 28 stehlen, 29 sprechen (sehen), 30 streben
IX: 1 schließlich, 2 süße (solche), 3 sorgfältig, 4 sonst, 5 streng, 6 satt, 7 spitz, 8 schwieriger, 9 starkes, 10 schlimmes, 11 soeben, 12 schuldig, 13 still, 14 schwarz
X: 1 scheint, 2 zur, 3 bei der, 4 zur, 5 gegen, 6 geraten (gekommen), 7 sich, 8 geschlossen (abgeschlossen), 9 mit, 10 vor, 11 es, 12 mit, 13 vor, 14 sauer, 15 wedelt, 16 in den, 17 für, 18 von, 19 Neues (noch), 20 auf die, 21 in, 22 Ort, 23 abgegeben, 24 in, 25 auf dem

Wie viele Fehler haben Sie gemacht?

| | I bis VI | VII bis IX | X | |
|---|---|---|---|---|
| sehr gut | 0— 7 | 0— 7 | 0— 2 | Fehler |
| gut | 8—14 | 8—14 | 3— 4 | Fehler |
| befriedigend | 15—21 | 15—21 | 5— 6 | Fehler |
| bedenklich | 22—35 | 22—36 | 7—12 | Fehler |
| Wiederholung nötig | über 35 | über 36 | über 12 | Fehler |

6—51962/1

# T wie Tat

Sie sind nun schon bei dem Buchstaben T angekommen. Diese *Tatsache* beweist, daß Sie entweder noch nicht *auf dem toten Punkt angekommen* sind oder ihn schon hinter sich gelassen haben. Ihr Fleiß *trägt Früchte!*

## I. Wie heißt das Gegenteil?

1. Er arbeitet *Tag*
   a) und Nacht.
   b) und Stunde.
   c) und Woche.
2. Der Fluß ist nur an dieser Stelle *tief,*
   a) sonst ist er überall flach.
   b) sonst ist er überall glatt.
   c) sonst ist er überall eben.
3. Bringen Sie ihn mir her! Ganz gleich, ob *tot* oder
   a) lebhaft.
   b) lebendig.
   c) ledig.
4. Nach einer *traurigen* Nachricht kommt auch wieder
   a) eine freundliche.
   b) eine freudige.
   c) eine friedliche.

## II. Welches Wort ist gleich oder ähnlich?

1. Hat er das *tatsächlich* gemacht?
   a) wirksam
   b) tätig
   c) wirklich
2. Stör' mich jetzt nicht, ich *telefoniere* gerade.
   a) Ich bleibe am Apparat.
   b) Ich rufe gerade an.
   c) Ich werde gleich angerufen.

## III. Welche Fortsetzung ist richtig?

1. Ich habe Temperatur, denn
   a) ich habe gut geheizt.
   b) ich habe Fieber.
   c) ich bin sehr lebhaft.
2. Das ist ein hohes Tier, d.h.
   a) ein großes Tier.
   b) eine wichtige Person.
   c) ein schrecklicher Mensch.
3. Ich bin auf dem toten Punkt angekommen, denn
   a) ich kann nicht mehr weiter.
   b) ich sterbe.
   c) ich bin in der Wüste.

## IV. Ist das wirklich richtig?

| | falsch | richtig |
|---|---|---|
| 1. Es gibt Tabletten gegen Kopfschmerzen. | ○ | ○ |
| 2. Einen Traktor braucht man zum Fußballspiel. | ○ | ○ |
| 3. Tränen brechen aus. | ○ | ○ |
| 4. Man bekommt gern einen Fußtritt. | ○ | ○ |
| 5. Bier trinkt man tropfenweise. | ○ | ○ |
| 6. Man kann auch mit offenen Augen träumen. | ○ | ○ |
| 7. Tatsachen sind keine Meinungen. | ○ | ○ |

## V. Welche Wörter passen inhaltlich zueinander?

1. der Tabak
2. das Tor
3. die Tankstelle
4. das Tuch
5. die Tablette
6. die Tiefe
7. das Ersatzteil
8. der Ton

a) die Reparatur, b) die Medizin, c) die Musik, d) rauchen, e) der Fußball, f) das Benzin, g) der Stoff, h) das Meer

## VI. Was gehört unbedingt zusammen?

1. in die Tat ..........
2. in Tränen ..........
3. zu tun ..............
4. den Gewinn ........
5. sich trennen .......
6. an einem Kurs .....
7. den Ton ............
8. Temperatur ........
9. sich zu Tode .....
10. reinen Tisch .....
11. eine Verabredung

a) machen, b) teilnehmen, c) ausbrechen, d) haben, e) haben mit, f) angeben, g) langweilen, h) umsetzen, i) teilen, j) treffen mit, k) von

## VII. Wie heißen die Substantive?

(Sie beginnen alle mit „T".)

1. In den deutschen Wäldern gibt es nur noch wenig wilde .....
2. Heute nacht hatte ich einen tollen .....: ich war James Bond.
3. Kannst du mir ein ... ..... gegen Kopfschmerzen geben?
4. Mein ... ..... als Verkehrspolizist ist sehr interessant.
5. D ... ....., den du rauchst, riecht tatsächlich gut.
6. Gestern im Theater habe ich mich zu ..... gelangweilt.
7. Mein Kopf ist so heiß. Ich glaube, ich habe .....
8. Früher zogen Pferde den Pflug, heute nimmt man einen .....
9. Ich habe den Kindern ein ... ..... Schokolade geschenkt.
10. Der Polizist folgte dem Verbrecher auf Schritt und .....
11. Heute abend gehe ich ins ..... Es gibt ein modernes Stück.
12. Es ist kein ..... für mich, daß du auch kein Geld mehr hast.
13. In den ..... an der Autobahn wird jeden Tag viel Benzin verkauft.
14. Als er die traurige Nachricht hörte, brach er in ..... aus.
15. Er hat seine Idee sofort in d ... ..... umgesetzt.

**VIII. Wie heißen die Verben?**
(Sie beginnen alle mit „t“.)

1. Meine Augen sind schlecht. Ich muß eine Brille .....
2. Das ..... sich gut, ich bin nämlich um die Zeit zu Hause.
3. Wenn du nur noch wenig Benzin hast, mußt du .....
4. ..... Sie auch Sport, oder sind Sie nur Zuschauer?
5. Wir wollen den Gewinn .....; so bekommt jeder seinen Teil.
6. Ich will nichts mehr mit dir zu tun haben. Wir ..... uns.
7. Kaffee und Tee ..... man aus Tassen, Bier aus Gläsern.
8. Nach dem Tod des Vaters ..... der Sohn an seine Stelle.
9. Wenn Sie auch nur einen Ton sagen, ..... ich Sie. Auf einen Mord mehr oder weniger kommt es mir nicht an!

**IX. Wie heißen die Adjektive oder Adverbien?** („t“)

1. Auch wenn du dagegen bist; ich werde es ..... tun.
2. Wir haben ..... — d. h. jeden Tag — Unterricht.
3. Er hat sie für ein Jahr verlassen, aber sie blieb ihm .....
4. Da geht doch ..... Wilhelm mit einem Mädchen spazieren! Und er behauptet immer, er kann Mädchen nicht leiden.
5. Das ist eine ..... Sache. Ich bin auf jeden Fall dabei.
6. Meine Tante starb vor 3 Jahren; sie ist schon 3 Jahre .....
7. Der ..... Fortschritt der letzten 50 Jahre ist erstaunlich.
8. Dieses Auto ist mir zu ..... Soviel Geld habe ich nicht.
9. An manchen Stellen ist das Meer mehrere tausend Meter .....

**X. Vervollständigen Sie bitte die Sätze!**
(Der Buchstabe „T“ ist nun keine Hilfe mehr für Sie!)

1. Sie nehmen täglich ..... einem Deutschkursus teil.
2. Wenn keine Klingel da ist, muß man ..... d... Tür klopfen.
3. Bleiben Sie bitte ..... Apparat! Ich hole meine Tochter.
4. Nach dem Tod des Vaters trat der Sohn ..... seine Stelle.
5. Er trennt sich nicht ..... seiner Frau; er tut nur so.
6. Bei dem Tanz mit ihr langweilte er sich ..... Tode.
7. Ich habe eine genaue Verabredung ..... ihm getroffen.
8. Ich habe ihn gestern leider nicht ..... Hause getroffen.
9. Er hat diese tolle Idee sofort in die Tat .....

So ist es richtig!

I: 1a, 2a, 3b, 4b
II: 1c, 2b
III: 1b, 2b, 3a
IV: 1 richtig, 2 falsch, 3 falsch, 4 falsch, 5 falsch, 6 richtig, 7 richtig

V: 1d, 2e, 3f, 4g, 5b, 6h, 7a, 8c
VI: 1h, 2c, 3e, 4i, 5k, 6b, 7f, 8d, 9g, 10a, 11j
VII: 1 Tiere, 2 Traum, 3 eine Tablette, 4 Meine Tätigkeit, 5 Der Tabak, 6 Tode, 7 Temperatur, 8 Traktor, 9 eine Tafel, 10 Tritt, 11 Theater, 12 Trost, 13 Tankstellen, 14 Tränen, 15 die Tat
VIII: 1 tragen, 2 trifft, 3 tanken, 4 Treiben, 5 teilen, 6 trennen, 7 trinkt, 8 trat (tritt), 9 töte
IX: 1 trotzdem, 2 täglich, 3 treu, 4 tatsächlich, 5 tolle, 6 tot, 7 technische, 8 teuer, 9 tief
X: 1 an, 2 an die, 3 am, 4 an, 5 von, 6 zu, 7 mit, 8 zu, 9 umgesetzt

Wie viele Fehler haben Sie gemacht?

| | I bis VI | VII bis IX | X | |
|---|---|---|---|---|
| sehr gut | 0— 3 | 0— 3 | 0 | Fehler |
| gut | 4— 7 | 4— 6 | 1 | Fehler |
| befriedigend | 8—10 | 7— 9 | 2 | Fehler |
| bedenklich | 11—17 | 10—16 | 3—4 | Fehler |
| Wiederholung nötig | über 17 | über 16 | über 4 | Fehler |

## U wie Urlaub

Dieses Kapitel soll *sich* wieder einmal von den anderen *unterscheiden.* Es wäre ja auch *Unsinn,* 10 verschiedene *Übungen* für die wenigen Wörter herzustellen. Sie haben keine *Ursache, unzufrieden* damit zu *sein. Urteilen Sie selbst!*

**Test: Wie heißen die fehlenden Wörter?**
(Sie beginnen alle mit „u".)

1. Der Mann hat zwei Menschen ....., nur um Geld zu bekommen.
2. Wenn Sie an einem langsamen Auto vorbeifahren, ..... Sie es.
3. D... ..... der Erde beträgt 40 000 Kilometer.
4. Ich habe gestern zum ersten Mal den Fluß ganz allein ..... Jetzt kann ich wirklich sagen, daß ich schwimmen kann.
5. Wenn die Straße repariert wird, mußt du ein... ..... fahren.
6. Ich habe wohl etwas Schlechtes gegessen. Mir ist .....
7. Am ..... dieses Flusses führt eine Straße entlang.
8. Hier hast du hundert Mark. Kauf mir dafür eine Armbanduhr. Was dann von dem Geld noch ..... ist, kannst du behalten.
9. Ich wollte es zuerst nicht glauben, aber er sprach so vernünftig und klar, daß ich schließlich ..... war.

10. Ich soll diesen Brief vom Französischen ins Deutsche .....
11. Viele Leute ..... ihre Gärten mit einer Mauer, damit man nicht von überall her hineinsehen kann.
12. Ich habe zwar überhaupt keine Lust, ins Bett zu gehen; aber um später nicht zu stören, muß ich wohl oder ..... mitgehen.
13. Warum hast du nur so früh aufgehört. Jetzt war alles .....
14. Schüler und Studenten haben Ferien; alle anderen haben .....
15. Es gibt keine Wirkung ohne ..... und umgekehrt.
16. Zuviel rauchen ist ebenso ..... wie zuviel trinken.
17. Ich kann nicht überall zu gleicher Zeit sein. Das ist .....
18. Ich möchte jetzt, ohne gestört zu werden, meine Untersuchung beenden. Also ..... mich nicht noch einmal!
19. „Entschuldigen Sie bitte die Störung!" — „Oh, keine .....!"
20. Seit ihr Freund sie verlassen hat, ist sie sehr .....
21. In den USA geht die Sonne viel später ..... als bei uns.
22. Per Telefon kann sich der Präsident der USA jederzeit ..... mit dem Präsidenten der Sowjetunion in Verbindung setzen.
23. Heute waren wir Männer unter uns; wir haben uns gut .....
24. Mir ist übel. Ich muß mich einmal vom Arzt ..... lassen.
25. Dieser Zug fährt nicht direkt nach Berlin; Sie müssen .....
26. Bei dem schweren ..... wurden fünf Personen verletzt.
27. Das ist Ihr Paß. Bitte ..... Sie hier unten mit Ihrem Namen.
28. Ich kann es dir nicht ganz genau sagen; aber ich glaube, von Köln bis nach München sind es ..... 600 Kilometer.
29. Es war sehr kalt. Wir haben 10 Grad ..... Null gemessen.
30. Wenn Sie faul sind, ist der Lehrer mit Ihnen .....
31. Wenn du gesund bist, brauchst du kein ... ärztliche .....

So ist es richtig!

Test: 1 umgebracht, 2 überholen, 3 Der Umfang, 4 überquert, 5 eine Umleitung, 6 übel, 7 Ufer, 8 übrig, 9 überzeugt, 10 übersetzen, 11 umgeben, 12 übel, 13 umsonst, 14 Urlaub, 15 Ursache, 16 ungesund, 17 unmöglich, 18 unterbrich, 19 Ursache, 20 unglücklich, 21 unter, 22 unmittelbar, 23 unterhalten, 24 untersuchen, 25 umsteigen, 26 Unfall, 27 unterschreiben, 28 ungefähr, 29 unter, 30 unzufrieden, 31 keine ... Untersuchung

Wie viele Fehler haben Sie gemacht?

| | | |
|---|---|---|
| sehr gut | 0— 3 | Fehler |
| gut | 4— 6 | Fehler |
| befriedigend | 7— 9 | Fehler |
| bedenklich | 10—15 | Fehler |
| Wiederholung nötig | über 15 | Fehler |

# V wie Vergnügen

Sie haben Ihren Weg *verfolgt,* und ich *verstehe vollkommen,* daß Sie jetzt daran denken, wo Sie Ihr *Wochenende verbringen* können. Sie haben dieses Wochenende wirklich *verdient.* Wollen Sie nun die letzten zehn Seiten noch *vorher* beenden?

## I. Wie heißt das Gegenteil?

1. Dein Vater sollte dir einmal das Rauchen *verbieten.*
   a) erklären
   b) erlauben
   c) ersetzen
2. Das Gegenteil von *vergessen* ist
   a) sich erholen.
   b) vergehen.
   c) sich erinnern.
3. Ich bin *verheiratet* und nicht mehr
   a) heftig.
   b) sanft.
   c) ledig.
4. Wenn er sich gut *verteidigen* kann, wird man ihn weniger
   a) anhalten.
   b) angreifen.
   c) annehmen.
5. Die *Vorderseite* eines Hauses sieht oft besser aus als
   a) der Rücken.
   b) die Rückseite.
   c) die Rückkehr.
6. Das Gegenteil von *voll* ist
   a) leise.
   b) leer.
   c) leicht.

## II. Welches Wort ist gleich oder ähnlich?

1. Diese Zeiten sind *vorbei.*
   a) vorwärts
   b) voraus
   c) vorüber
2. *Voriges* Jahr war das Wetter sehr schlecht.
   a) Vorletztes
   b) Dieses
   c) Letztes
3. Ich habe ihn *vorhin* noch gesehen.
   a) eben
   b) voraus
   c) gestern
4. Er ist *vollends* verrückt.
   a) gar nicht
   b) besonders
   c) ganz

5. Es war wohl ein *Versehen.*
   a) Versuch
   b) Verbrechen
   c) Irrtum

6. Das Kind hatte sich im Keller *versteckt.*
   a) verwechselt
   b) verwandelt
   c) verborgen

## III. Welche Fortsetzung ist richtig?

1. Er hat sich sehr verändert, denn
   a) er ist nicht mehr der alte.
   b) er versteht nichts davon.
   c) er ist auf und davon.

## IV. Ist das wirklich richtig?

| | falsch | richtig |
|---|---|---|
| 1. Ein Vorschlag wird vorher geschlagen. | ○ | ○ |
| 2. Wer Vorfahrt hat, darf zuerst fahren. | ○ | ○ |
| 3. Ein Vogel kann fliegen. | ○ | ○ |
| 4. Wer einen guten Verstand hat, kann denken. | ○ | ○ |
| 5. Gegen Krankheit muß man sich versichern. | ○ | ○ |
| 6. Wer ein großes Vermögen hat, ist reich. | ○ | ○ |
| 7. Ein Verzeichnis ist eine Liste. | ○ | ○ |
| 8. Ein Vorrat ist ein Rat, den man vorher gibt. | ○ | ○ |
| 9. Ein Vorhang hängt vor einem Fenster. | ○ | ○ |
| 10. Ein Volk ist immer ein Staat. | ○ | ○ |
| 11. Wenn Sie Vertrauen haben, glauben Sie ihm. | ○ | ○ |

## V. Welche Wörter passen inhaltlich zueinander?

1. verdienen
2. der Vogel
3. das Vergnügen
4. das Verbrechen
5. der Verlust
6. der Verkehr
7. die Verteidigung

a) der Spaß, b) verlieren, c) fliegen, d) der Angriff, e) die Autobahn, f) die Polizei, g) das Geld

## VI. Was gehört unbedingt zusammen?

1. sich in Verbindung setzen ................
2. in Verbindung bleiben
3. in Verbindung stehen
4. verwechseln ........
5. Vertrauen haben
6. sich verpflichten .............
7. vorbereiten ....
8. sich verlassen ..
9. viel Mühe verwenden ...........
10. Vorteil haben ....
11. vorübergehen ...
12. Vergnügen finden

a) auf, b) auf, c) auf, d) von, e) an, f) an, g) mit, h) mit, i) mit, j) mit, k) zu, l) zu

13. um Verzeihung ...... 17. den Verstand.. 21. seine Pflicht ......
14. seine Pläne .......... 18. in Verhandlung 22. seine Zeit .........
15. jemandem die Freude 19. sich den Magen 23. eine Versammlung
16. sein Versprechen .... 20. die Zeit ........

m) verderben, n) verletzen, o) verwirklichen, p) bitten, q) verlieren, r) verlieren, s) treten, t) verderben, u) abhalten, v) halten, w) verbringen

*Stellen Sie sich vor! Vor einigen Tagen* hatten Sie noch *ziemlich viel* zu tun; sie dachten an die Zeit, die Sie noch auf dieses Übungsbuch *verwenden* müßten. Wie oft ist Ihnen fast die Lust *vergangen?* Jetzt ist bald alles *vorbei.*

**VII. Wie heißen die Substantive?**
(Sie beginnen alle mit „V".)

1. Manche Leute finden ..... daran, andere Leute zu verwirren.
2. Deutschland ist im ..... zu Amerika ein kleines Land.
3. Der Direktor trat in ..... über den Verkauf der Fabrik.
4. Er verwechselte die Türen und öffnete aus ..... die falsche.
5. Ein ... ..... gegen Unfälle abzuschließen, ist vernünftig.
6. Vor einer Reise setze ich mich mit dem Verkehrsbüro in .....
7. Wenn sein neues Verfahren erst einmal verwirklicht ist, wird er mit dem Verkauf dieser Idee ein ... ..... verdienen.
8. So eine verrückte Idee. Er hat wohl den ..... verloren.
9. Bedenken Sie vor allem eins: Angriff ist die beste .....
10. Kühe, Pferde, Schafe usw. bezeichnet man zusammen als .....
11. Kohlen kauft man schon im Sommer als ..... für den Winter.
12. Beeile dich, d ... ..... im Kino beginnt um 20 Uhr.
13. Wenn die USA ihre Pläne verwirklichen, wird 1970 d ... ..... unternommen, einen Menschen auf den Mond zu schicken.
14. Dein Vorschlag ist günstig für uns; wir haben davon mehr .....
15. Verlaß' dich nur auf sein Versprechen. Hab' ..... zu ihm!

**VIII. Wie heißen die Verben?**
(Sie beginnen alle mit „ver ..."!)

1. Der Sturm ..... viel Schaden; die Ernte ist vernichtet.
2. Ich vermute, er wird seine Pläne nicht ..... können.
3. Ich ..... das Buch so gut, daß ich es nicht wiederfinde.
4. Sie haben schon viel Zeit und Mühe auf die deutsche Sprache ....., aber ich vermute, es war nicht umsonst.
5. Du kannst dich auf ihn ..... Er hält sein Versprechen.
6. Die Zollbeamten fragen: „Haben Sie etwas zu .....?"

7. Gestern habe ich den Wein ....., den du mir geschenkt hast.
8. Wenn Sie angegriffen werden, müssen Sie sich .....
9. Ich habe mich auf seinen Vorschlag hin auf 3 Jahre .....
10. Der Angeklagte will nichts sagen. Er ..... jede Auskunft.
11. Ich habe das Wort nicht ..... Wiederholen Sie es bitte.
12. Im Verkehr werden täglich viele Menschen getötet und ....., obwohl man durch Vorsicht manchen Unfall ..... könnte.
13. Ich habe ihn mit deinem Vater .....; sie sind sehr ähnlich.
14. ..... wir keine Zeit und kommen wir gleich zur Sache.
15. Ich habe mich vorhin ..... Bitte verbinden Sie die Wunde.
16. Im Krankenhaus ist das Rauchen .....; das versteht sich.
17. Sie ..... uns mit ihrer schlechten Laune die ganze Freude.
18. Seit dem Verlust seiner Frau hat er sich sehr .....
19. Das Wochenende ..... ich oft zu Hause bei meinen Eltern.
20. Der Lehrer ..... die Hausaufgaben der Schüler.
21. Der Verbrecher verschwand und hielt sich lange Zeit verborgen; aber schließlich wurde er doch verhaftet und .....
22. Geh' du allein zu dem Fest; mir ist die Lust dazu .....
23. Noch zwei Übungen und Sie haben eine große Pause .....

## IX. Wie heißen die Adjektive oder Adverbien? („v")

1. ..... Jahr habe ich meinen Urlaub in Italien verbracht.
2. Um Mitternacht zu baden ist doch eine völlig ..... Idee.
3. Er ging vorhin an mir ....., ohne mich zu grüßen.
4. ..... Menschen suchen Sie vergebens; jeder hat Fehler.
5. Das Essen hat gut geschmeckt, besonders die Suppe war .....
6. Er redet nicht mehr solchen Unsinn, sondern ganz .....
7. Diese Übung ist noch nicht .....; es fehlen noch 4 Sätze.
8. Ich weiß es nicht genau; er kommt ..... gegen 8 Uhr.
9. Apfelsinen sind heute nicht mehr .....; erst morgen wieder.
10. ..... wohne ich noch allein; später kommt meine Frau dazu.
11. Vorige Nacht habe ich dich ..... gesucht; ich fand dich nicht.

## X. Vervollständigen Sie bitte die Sätze!

(Die fehlenden Wörter beginnen nicht immer mit „v".)

1. Sie hören noch von mir. Verlassen Sie sich .....
2. Ihren Fahrschein müssen Sie ..... Verlangen vorzeigen.
3. Gestern abend muß ich ..... den Magen verdorben haben.
4. Ich möchte Sie für das Versehen ..... Verzeihung bitten.
5. Sie kennen mich noch nicht? Darf ich mich Ihnen .....?
6. Verbinden Sie mich bitte ..... dem Vorsitzenden des Vereins.
7. Verwechseln Sie mich bitte nicht ..... meinem Bruder.
8. Du brauchst mir nichts zu erklären. Ich ..... vollkommen.

9. Du findest also Vergnügen ..... volkstümlichen Festen?
10. Hab' nur Vertrauen ..... ihm; er tut, was er verspricht.
11. Stör' sie nicht! Sie muß sich ..... die Prüfung vorbereiten.
12. „Sie werden ..... Telefon verlangt." — „Danke vielmals!"
13. Sie sehen ihm ähnlich. Sind Sie ..... ihm verwandt?
14. Verlaß dich nicht ..... ihn. Du verlierst nur deine Zeit.
15. Ich verpflichtete mich ..... einer zweijährigen Tätigkeit.
16. Ich gebe Ihnen das Geld für die Verteidigung ..... voraus.
17. Diese Prüfung ..... sich vorläufig nicht vermeiden.

So ist es richtig!

I: 1b, 2c, 3c, 4b, 5b, 6b
II: 1c, 2c, 3a, 4c, 5c, 6c
III: 1a
IV: 1 falsch, 2 richtig, 3 richtig, 4 richtig, 5 richtig, 6 richtig, 7 richtig, 8 falsch, 9 richtig, 10 falsch, 11 richtig
V: 1g, 2c, 3a, 4f, 5b, 6e, 7d
VI: 1g, 2h, 3i, 4j, 5k, 6l, 7c, 8b, 9a, 10d, 11e, 12f, 13p, 14o, 15m, 16v, 17r, 18s, 19t, 20w, 21n, 22q, 23u
VII: 1 Vergnügen, 2 Vergleich, 3 Verhandlungen, 4 Versehen, 5 Eine Versicherung, 6 Verbindung, 7 ein Vermögen, 8 Verstand, 9 Verteidigung, 10 Vieh, 11 Vorrat, 12 die Vorstellung, 13 der Versuch, 14 Vorteile, 15 Vertrauen
VIII: 1 verursachte, 2 verwirklichen, 3 versteckte, 4 verwendet, 5 verlassen, 6 verzollen, 7 versucht, 8 verteidigen, 9 verpflichtet, 10 verweigert, 11 verstanden, 12 verletzt ... vermeiden, 13 verwechselt, 14 Verlieren, 15 verletzt, 16 verboten, 17 verdirbt, 18 verändert, 19 verbringe (verbrachte), 20 verbessert, 21 verurteilt, 22 vergangen, 23 verdient
IX: 1 Voriges, 2 verrückte, 3 vorbei, vorüber, 4 Vollkommene, 5 vorzüglich, 6 vernünftig, 7 vollständig, 8 vermutlich (vielleicht), 9 vorrätig, 10 Vorläufig, 11 vergebens (vergeblich)
X: 1 darauf, 2 auf, 3 mir, 4 um, 5 vorstellen, 6 mit, 7 mit, 8 verstehe, 9 an, 10 zu, 11 auf, 12 am, 13 mit, 14 auf, 15 zu, 16 im, 17 läßt (ließ)

Wie viele Fehler haben Sie gemacht?

| | I bis VI | VII bis IX | X | |
|---|---|---|---|---|
| sehr gut | 0—5 | 0—5 | 0—1 | Fehler |
| gut | 6—10 | 6—10 | 2—3 | Fehler |
| befriedigend | 11—15 | 11—15 | 4—5 | Fehler |
| bedenklich | 16—27 | 16—24 | 6—8 | Fehler |
| Wiederholung nötig | über 27 | über 24 | über 8 | Fehler |

## W wie Wille

Sie haben nicht *zu den Waffen gegriffen* und auch nicht *Ihr Leben gewagt,* sondern *nichts weiter* als *Wörter* gelernt. Aber *wer* sagt, daß das *nichts wert* sei, dessen *Wesen* gefällt mir nicht, *weil* er nicht einmal *weiß, wie wichtig* es ist, Sprachen zu können. *Das muß anders werden!*

### I. Wie heißt das Gegenteil?

1. Ist er *wach?*
   a) Nein, er ist müde.
   b) Nein, er schläft.
   c) Nein, er schlägt.

2. Du mußt die *Wahrheit* sagen.
   a) Ich will keine Lüge hören.
   b) Ich will keine Menge hören.
   c) Ich will keine Messe hören.

3. Ist Peter schon *weg?*
   a) Nein, er ist noch fort.
   b) Nein, er ist noch da.
   c) Nein er ist noch weit.

4. Warum *weinst* du denn?
   a) Soll ich etwa lachen?
   b) Soll ich etwa landen?
   c) Soll ich etwa richten?

### II. Welches Wort ist gleich oder ähnlich?

1. Er ist *weg.*
   a) Er ist fort.
   b) Er ist hier.
   c) Er ist da.

2. Es tut *weh.*
   a) schmerzt
   b) heilt
   c) weht

3. Er hätte *wenigstens* warten können.
   a) höchstens
   b) mindestens
   c) meistens

4. Ich *wohne* in der Stadt.
   a) liebe
   b) lebe
   c) leide

### III. Welche Fortsetzung ist richtig?

1. Ich habe keine Wahl.
   a) Ich darf noch nicht wählen.
   b) Ich wurde nicht gewählt.
   c) Ich bin dazu gezwungen.

**IV. Ist das wirklich richtig?**

| | | |
|---|---|---|
| 1. In der Wüste gibt es kein Wasser. | ○ | ○ |
| 2. Bäume haben Wurzeln. | ○ | ○ |
| 3. Wenn man Wut hat, freut man sich. | ○ | ○ |
| 4. In Würsten ist Fleisch. | ○ | ○ |
| 5. Wenn man sich wundert, hat man eine Wunde. | ○ | ○ |
| 6. Wolken wollen Wolle. | ○ | ○ |
| 7. Jede Ursache hat eine Wirkung. | ○ | ○ |
| 8. Auf Wiesen wächst Gras. | ○ | ○ |
| 9. Weizen ist eine Getreideart. | ○ | ○ |
| 10. Jeder Mensch hat Wangen. | ○ | ○ |
| 11. Ein Wald besteht aus Bäumen. | ○ | ○ |
| 12. Waren werden verkauft. | ○ | ○ |
| 13. Auf einer Waage wiegt man. | ○ | ○ |
| 14. Waffen sind zum Kämpfen da. | ○ | ○ |
| 15. Weisheit ist aus dem Wort ‚weiß' gebildet. | ○ | ○ |

**V. Welche Wörter passen inhaltlich zueinander?**

1. die Wolke
2. die Wüste
3. die Wolle
4. die Wirtschaft
5. der Winter
6. die Wiese
7. der Weizen
8. das Wissen
9. die Wunde
10. die Wichtigkeit
11. das Werkzeug
12. die Wurst
13. das Warenhaus
14. der Waschlappen

a) das Schaf, b) der Wind, c) verbinden, d) die Kenntnis, e) das Gras, f) das Fleisch, g) der Schnee, h) Sand und Steine, i) der Haushalt, j) das Brot, k) das Kaufhaus, l) die Seife, m) der Hammer, n) die Bedeutung

**VI. Was gehört unbedingt zusammen?**

1. auf die Waage .....
2. auf die Welt .......
3. die Nummer (Telefon) ................
4. Geld ................
5. warnen .............
6. zu den Waffen .....
7. Wort ..............
8. sein Leben ........
9. eine Wirkung ....
10. seine Wahl .......
11. den Wein .........
12. sich auf den Weg
13. die Wahrheit .....
14. sich wenden .....
15. sich ans Werk ...
16. Wurzel ..........
17. nach dem Weg ..
18. Widerstand ......
19. Wert legen .......

a) wagen, b) treffen, c) vor, d) legen, e) kosten, f) sagen, g) wechseln, h) greifen, i) wählen, j) fragen, k) halten, l) auf, m) haben, n) leisten, o) machen, p) kommen, q) machen, r) schlagen, s) an

**VII. Wie heißen die Substantive?**
(Sie beginnen alle mit „W".)

1. D... ..... wehte heftig. Es war fast ein Sturm.
2. Die ..... eines Baumes wachsen unter der Erde.
3. Sie sollten wissen, daß jede Ursache ein... ..... hat.
4. Er ist ein angenehmer Mensch. Sein... ..... gefällt mir.
5. D... ..... Deutschlands hängt sehr von der Industrie ab.
6. Das Gegenteil von lügen ist: d... ..... sagen.
7. Wenn man sich geschnitten hat, hat man ein... .....
8. Der Präsident bekam bei der letzten ..... weniger Stimmen.
9. Wenn der Himmel nachts ohne ..... ist, sieht man die Sterne.
10. Der Fleischer wog das Fleisch auf der .....

**VIII. Wie heißen die Verben?**
(Sie beginnen mit „w".)

1. Wenn der Boden gut ist, ..... die Pflanzen schnell.
2. Fahren Sie vorsichtig. Warum wollen Sie Ihr Leben .....!
3. Die Soldaten ..... dem wütenden Angriff des Feindes.
4. So geht das wirklich nicht weiter! Das muß anders .....
5. Wenn Sie viele Fehler haben, müssen Sie die Wörter .....
6. Ich würde diesen Politiker auf keinen Fall .....
7. Ich bin nicht zufrieden; ihre Arbeit läßt zu ..... übrig.
8. Ich habe nur einen Hundertmarkschein. Können Sie .....?
9. Zum Abschied ..... man mit der Hand oder dem Taschentuch.
10. Nur wenn der Wind ....., können Sie segeln.
11. Morgens werde ich nicht wach. Meine Mutter muß mich .....
12. Dieser Mann hat schon oft gestohlen. Ich ..... dich vor ihm.
13. Über seine Rede ..... sich jeder. Das hatte keiner erwartet.
14. In manchen Restaurants muß man lange auf die Kellner .....
15. Auf mich ..... Kaffee immer wie eine Schlaftablette.
16. Mit Vergnügen ..... das Kind kleine Steine ins Wasser.

**IX. Wie heißen die Adjektive oder Adverbien?** („w")

1. Ach, lassen Sie nur; das ist nicht der Rede .....
2. Das Pferd wurde ganz ....., als die Musik wieder begann.
3. Ich muß morgen wegen einer ..... Angelegenheit wegfahren.
4. Seine Wohnung ist ebenso groß wie meine, kostet aber .....
5. Nimm diese Medizin; sie ist ein ..... Mittel gegen Fieber.
6. Seit zwei Wochen fehlt uns Wasser; jetzt werde ich aber .....
7. Leben Sie .....! Im Winter sehen wir uns dann wieder.
8. Zum Frühstück esse ich immer ein ..... gekochtes Ei.
9. In dieser Stadt fühlt man sich wirklich ....., nicht wahr?
10. Wissen Sie, wie ..... es von hier bis zum Wald ist?

**X. Vervollständigen Sie bitte die Sätze!**
(Jetzt ist der Buchstabe „W" keine Hilfe mehr für Sie!)

1. In Warenhäusern steht oft: ..... Taschendieben wird gewarnt!
2. Er verlor keine Zeit und machte sich sofort ..... Werk.
3. Wenn ein Krieg droht, greift das Volk ..... d... Waffen.
4. Ich habe doch alles vergessen. Den ..... haben wir heute?
5. Das Kind kam genau um Mitternacht ..... d... Welt.
6. Er tut seine Arbeit nach bestem Wissen und .....
7. Er ist wirklich ein seltsamer Mensch. Den ganzen Tag sitzt er zu Hause ..... sein... vier Wänden und geht nicht aus.
8. Sie ..... ihm nun schon seit 20 Jahren die Wirtschaft.
9. Dein Vater wartet; mach dich sofort ..... d... Weg!
10. Er redet so komisch, daß sich alle ..... ihn wundern.

So ist es richtig!

I: 1b, 2a, 3b, 4a
II: 1a, 2a, 3b, 4b
III: 1c
IV: 1 richtig, 2 richtig, 3 falsch, 4 richtig, 5 falsch, 6 falsch, 7 richtig, 8 richtig, 9 richtig, 10 richtig, 11 richtig, 12 richtig, 13 richtig, 14 richtig, 15 falsch
V: 1b, 2h, 3a, 4i, 5g, 6e, 7j, 8d, 9c, 10n, 11m, 12f, 13k, 14l
VI: 1d, 2p, 3i, 4g, 5c, 6h, 7k, 8a, 9m, 10b, 11e, 12o, 13f, 14s, 15q, 16r, 17j, 18n, 19l
VII: 1 Der Wind, 2 Wurzeln, 3 eine Wirkung, 4 Sein Wesen, 5 Die Wirtschaft, 6 die Wahrheit, 7 eine Wunde, 8 Wahl, 9 Wolken, 10 Waage
VIII: 1 wachsen, 2 wagen, 3 widerstanden, 4 werden, 5 wiederholen, 6 wählen, 7 wünschen, 8 wechseln, 9 winkt, 10 weht, 11 wecken, 12 warne, 13 wunderte, 14 warten, 15 wirkt, 16 wirft (warf)
IX: 1 wert, 2 wild, 3 wichtigen, 4 weniger, 5 wirksames, 6 wütend, 7 wohl, 8 weich-, 9 wohl, 10 weit
X: 1 Vor, 2 ans, 3 zu den, 4 wievielten, 5 auf die, 6 Gewissen, 7 in seinen, 8 führt, 9 auf den, 10 über

Wie viele Fehler haben Sie gemacht?

| | I bis VI | VII bis IX | X | |
|---|---|---|---|---|
| sehr gut | 0— 6 | 0— 3 | 0 | Fehler |
| gut | 7—12 | 4— 7 | 1 | Fehler |
| befriedigend | 13—18 | 8—11 | 2 | Fehler |
| bedenklich | 19—29 | 12—18 | 3—5 | Fehler |
| Wiederholung nötig | über 29 | über 18 | über 5 | Fehler |

## Z wie Ziel

Nach *ziemlich viel* Arbeit haben Sie nun bald *das Ziel erreicht. Es besteht* kein *Zweifel darüber,* daß Sie Ihre *Zeit* gut verwendet haben. *Das wird sich in* der *Zukunft zeigen. Zum* Schluß nun noch einen letzten Test.

**Test: Vervollständigen Sie bitte die Sätze!**
(Die fehlenden Wörter beginnen alle mit „Z“!)

1. Wer als erster d... ..... erreicht, hat gewonnen.
2. Es hat keinen ....., etwas Unmögliches zu wollen.
3. Wenn du heißen Tee trinkst, verbrennst du dir d... .....
4. 1, 2, 3 und 4 bezeichnet man als ..... oder Nummern.
5. Morgen fahre ich nach Berlin, und ..... mit dem Auto.
6. Wenn Sie ein Glas auf den Boden fallen lassen, ..... es.
7. Weil sie den schlafenden Großvater nicht wecken wollten, gingen die Kinder leise und auf ..... aus dem Zimmer.
8. Er kaufte ein altes Auto, das aber noch in gutem ..... war.
9. Ich höre selten Radio, aber ich lese regelmäßig d... .....
10. Ich rauche weder ..... noch Zigarren, ich rauche Pfeife.
11. Er ist klüger als ich. Darüber besteht kein .....
12. Es wird sich ....., ob alle Schüler die Prüfung bestehen.
13. Diese Sache ist nicht eilig. Lassen Sie sich nur .....
14. Kalifornien hat ..... ein besseres Klima als Alaska.
15. Das wird sich zeigen. Wer ..... lacht, lacht am besten.
16. Mach' bitte das Fenster zu. Hier ..... es viel zuviel.
17. Der Polizist ließ sich vom Fahrer den Führerschein .....
18. Wenn Sie zum Essen zu spät kommen, sagt man oft: Wer nicht kommt zur rechten ....., ißt und trinkt, was übrig bleibt!
19. Ich vergaß meinen Mantel; daher ..... ich bald vor Kälte.
20. Er wird nie vernünftig werden. Er redet immer dummes .....
21. Wenn Sie bei allen diesen Übungen gute oder mindestens durchschnittliche Ergebnisse hatten, können Sie ..... sein.
22. Jetzt habe ich alle Übungen hinter mir. Mein Ziel ist erreicht. Was mache ich nur in ..... in meiner Freizeit?

So ist es richtig!

Test: 1 das Ziel, 2 Zweck, 3 die Zunge, 4 Zahlen, 5 zwar, 6 zerbricht, 7 Zehenspitzen, 8 Zustand, 9 die Zeitung, 10 Zigaretten, 11 Zweifel, 12 zeigen, 13 Zeit, 14 zweifellos, 15 zuletzt, 16 zieht, 17 zeigen, 18 Zeit, 19 zitterte, 20 Zeug, 21 zufrieden, 22 Zukunft